AF626462

Sven Michaelsen

Muss man das Schöne in sich tragen, um es in der Welt zu erkennen?

SVEN MICHAELSEN

MUSS MAN DAS Schöne IN SICH TRAGEN, UM ES IN DER Welt ZU ERKENNEN?

LEBENSKUNST IN 777 FRAGEN

RESIDENZ VERLAG

»Mit List
die Fragen aufspüren
hinter dem breiten Rücken der Antwort.«

Günter Eich

Bibliografische Information der Deutschen Nationalbibliothek
Die Deutsche Nationalbibliothek verzeichnet diese Publikation in der Deutschen Nationalbibliografie; detaillierte bibliografische Daten sind im Internet über http://dnb.dnb.de abrufbar.

www.residenzverlag.com

© 2024 Residenz Verlag GmbH
Salzburg – Wien

Alle Rechte, insbesondere das des auszugsweisen Abdrucks und das der fotomechanischen Wiedergabe, vorbehalten.

Umschlaggestaltung: Tom Ising, Herburg Weiland GmbH
Grafische Gestaltung / Satz: Joe P. Wannerer – BoutiqueBrutal.com
Gesamtherstellung: GRASPO CZ Printing House

ISBN 978 3 7017 3622 5

Inhalt

1

Paare, Trennungen, Scham

Was löst die Vorstellung in Ihnen aus, Sie würden dem Menschen, mit dem Sie schon viele Jahre zusammen sind, morgen zum ersten Mal begegnen?

Würden Sie es vorziehen, dass Ihr Partner Ihr Liebhaber ist und nicht der Mensch, mit dem Sie den Alltag teilen?

Können Sie eher Sie selbst sein, wenn Sie mit Menschen des eigenen oder des anderen Geschlechts zusammen sind?

Ist keiner, was er zu zweit ist?

Wann erkennen Sie besser, wer Ihr Partner ist: Wenn Sie mit ihm allein sind oder in Gesellschaft, durch andere hindurch?

Wie würde sich die Welt verändern, wenn die Penisgröße von Männern so sichtbar wäre wie die Brustgröße von Frauen?

Könnten Sie mit Bestimmtheit sagen, wer von beiden der Einsamere in Ihrer Beziehung ist?

Wird es Zeit, sich zu trennen, wenn einen die Gesichtserkennung des eigenen Smartphones nach einem Streit mit dem Partner nicht mehr erkennt?

Haben Sie die Ehe gebrochen, oder hat die Ehe zuerst Sie gebrochen?

Sich dauernd zu trennen und wieder zu verlieben: Ist das so, als sähe man Hunderte Filmanfänge, aber keinen Film zu Ende?

Respektieren in einer guten Ehe die Partner ihr beiderseitiges Recht, Geheimnisse zu haben, oder deutet das auf eine gewisse Dürre ihres Temperaments hin?

Hätten Sie gern alle Geheimnisse zurück, die Sie Ihrem Partner anvertraut haben, um neu entscheiden zu können, ob Sie das eine oder andere doch besser für sich behalten?

Hat man nicht nur voreinander Geheimnisse, sondern auch vor sich selbst? Und weiß man von einigen gar nichts?

Werden Sie schwermütig und ein wenig neidisch, wenn Menschen von ihrem selbstbestimmten Leben als Single schwärmen, oder halten Sie es mit den Zeilen in einem Gedicht von Rudolf Borchardt: »Frei sein ist nichts: ich wollt, ich wäre dein«?

Sie erfahren, dass Ihr Paartherapeut bereits dreimal geschieden ist: Steigert oder minimiert das Ihr Vertrauen in seine Kompetenz?

Eine Beziehung scheitert nach mehr als zehn Jahren: Ist etwas überhaupt gescheitert, wenn es so lange gedauert hat?

Sind Beziehungen, die für immer halten, selten diejenigen, für die man sich im Nachhinein freiwillig entscheiden würde?

Partys, Besuche im Restaurant, Warten an der Supermarktkasse: Spähen Sie die Wirklichkeit stets danach aus, ob es für Sie noch andere Partnervarianten gibt, Menschen, die Sie bislang übersehen haben?

Wenn Sie auf Ihre Beziehungen zurückblicken:
Nach welcher Zeit verwandelt sich die Oberflächlichkeit des Einander-Wollens in die Untiefen des Einander-Brauchens?

Ein Lehrsatz der Thermodynamik besagt, Energie geht nicht verloren, sie wird bloß umgewandelt. Worin hat sich die anfängliche Energie in Ihrer Beziehung umgewandelt?

Mein Mann, meine Frau, meine Kinder: Kommt Ihnen das Wort *mein* in diesem Zusammenhang zunehmend anmaßend vor?

Sollte man sich vor Menschen hüten, die dauernd Begriffe im Mund führen, die mit *Selbst* anfangen, wie Selbstfindung, Selbstermächtigung, Selbstwirksamkeit, Selbstakzeptanz, Selbstbekräftigung, Selbstoptimierung und Selbstfürsorge?

Könnten Sie eine intime Beziehung mit jemandem aufrechterhalten, der beim Parmaschinken das Fett abpult?

Beäugen Sie bei Treffen mit Freundinnen insgeheim die Abstufungen ihrer Unzufriedenheit und küren jedes Mal eine Unglückssiegerin?

Sollten Sie einen Menschen, mit dem Sie zusammenziehen wollen, erst einmal einen Computer mit stockender Internetverbindung nutzen lassen, um so zu erkennen, wer er wirklich ist?

Haben Sie sich schon einmal von einem Menschen für immer abgewendet, weil Ihr Instinkt gespürt hat, dass hier ein Leben unentrinnbar unter einem Unglücksstern steht?

Müssen Ihre Freundschaften jede Woche aufs Neue mit Leben gefüllt werden, oder sind sie wie eine innere Landschaft, die Sie durchwandern können, auch wenn Sie allein sind?

Kameradschaft, Redlichkeit, Ehrgefühl, Loyalität, Wahrhaftigkeit, Treue, Beistand, Diskretion, Respekt, Güte, Herzenstakt, Trost spenden, aber auch die Untröstlichkeit akzeptieren: Warum klingt, was zu einer wahren Freundschaft gehört, wie ein Tugendkatalog aus dem 19. Jahrhundert?

Wird bei der Betrachtung von Männerfreundschaften die körperliche Komponente meist unterschätzt?

Ist auch in den engsten Freundschaften stets eine kleine Leere, wie in Eiern?

Basieren die meisten Männerfreundschaften darauf, dass beide das, was sie selbst beruflich machen, insgeheim ein bisschen besser finden als das, was der andere macht?

Können Sie sich vorstellen, Ihren in die Jahre kommenden Partner für einen noch älteren Menschen zu verlassen, weil Ihr derzeitiger Partner sich dauernd so anstrengt, jung zu bleiben?

Kann das Leben nur leichtnehmen, wer keine Angst hat, seinen Partner zu verlieren?

Spüren Sie manchmal eine unterschwellige Scham, weil Sie ahnen, wie sehr der Umgang *mit Ihnen* Ihrem Partner eine gewisse Großmut abverlangt?

Sind Sie einer dieser zutiefst unfriedlichen Charaktere, die überall nur die faule Stelle erkennen und sie hervorzerren müssen?

Heiraten Witwer wieder, weil es ihr Leben leichter macht, und heiraten Witwen häufig nicht, weil es ihr Leben schwerer machen würde?

Sollte man bei Menschen Reißaus nehmen, die glauben, sie seien das, was die Welt ihnen angetan hat?

Empfinden Sie manchmal eine Art Trauer um die Menschen, die Sie und Ihr Partner einmal waren, fast so, als lebten diese Menschen nicht mehr?

Ertragen, um ertragen zu werden: Ist das die beschwiegene Basis Ihrer Beziehung geworden?

Hat das Zusammenleben *mit Ihnen* Ihren Partner zu jemandem gemacht, der Ihnen allmählich unerträglich ist – so als wäre Ihr Partner eine Kreatur, die ein Wissenschaftler erschaffen hat und vor der er schließlich wegläuft?

Werden Sie nach dem Tod Ihres Partners dessen Computer öffnen, oder machen das nur Menschen, die nichts zu verbergen haben und so unschuldig
wie naiv von sich auf andere schließen?

Schaudert Sie bei dem Gedanken, dass Ihre persönliche Vergangenheit nicht ein für alle Mal vergangen, unveränderlich und wie in Bronze gegossen ist, sondern jederzeit von den Erkenntnissen der Gegenwart in ein völlig anderes, ungeahntes, erschreckendes Licht gerückt werden kann?

Jemanden zu verlassen heißt, die eigene Vergangenheit zu verlassen. Zögern so viele, sich zu trennen, weil niemand gern ohne Geschichte lebt? Und womöglich auch Angst hat, dass bei einer Trennung Geschichten zum Vorschein kommen, die man besser nicht gekannt hätte, Geschichten von Betrug und Verrat, die ein geheimes Doppelleben offenbaren, dessen Einzelheiten einen zugrunde richten würden?

Durch Kinder wird die eigene Seele weicher und nachsichtiger – und gleichzeitig hartherziger dem Partner gegenüber?

Bezieht sich Ihre Güte neuerdings nur noch auf die hilflosen Geschöpfe dieser Welt?

Gibt es für Sie einen Unterschied zwischen verschweigen und unerwähnt lassen?

Nicht die ganze Wahrheit zu sagen, ist nicht gelogen: Beginnt mit diesem Denken das Ende einer Beziehung?

Wird jedes Geheimnis, das man vor seinem Partner verbirgt, zu einer Schwiele auf dem eigenen Herzen?

Oder meinen Sie, dass eine Sünde weniger Unheil anrichtet als ihre Beichte?

Wenn Ihr Partner Ihnen mal wieder Vorhaltungen macht, wie oft denken Sie dann, Ihr Sammelalbum mit Vorwürfen sei voll und es gebe keinen Platz mehr für einen einzigen weiteren?

Ist das Befreiende an Trennungen, dass sie zu einem Realitätsbruch führen, ähnlich wie bei Tieren, die sich der Welt außerhalb ihres Zoos bewusst werden und sich daran erinnern, ursprünglich, vor vielen Jahren, in Freiheit geboren worden zu sein?

Oder ergeht es Ihnen bei einer Trennung wie einem Tier, das erkennen muss, dass es außerhalb des Zoos nicht leben kann?

Angenommen, Ihr Partner verlässt Sie nach zwanzig Jahren: Wäre es für Sie leichter, er wäre an Ihrer Seite gestorben, weil Sie dann nicht nach eigener Schuld fragen müssten?

Gehen Sie, wenn Ihnen eine Beziehung langweilig wird, oder brauchen Sie nicht mal einen Grund, weil das Weiterziehen für Sie wie ein Zwang ist?

Erzählen Sie es Ihrem Partner lieber nicht, wenn Sie in einem Film oder einer Fernsehserie ein unglückliches Paar sehen, in dem Sie Ihre eigene Beziehung wiedererkennen?

Bekommen Menschen, die ihren Partner verlassen wollen, es aber nicht schaffen, früher oder später eine böse Aura?

Ist es tödlich langweilig, einander stets und ständig zu verstehen, weil man sich dann nichts mehr zu sagen hat?

Gleicht Eifersucht einer App, die die ganze Zeit geöffnet ist und einem im Hintergrund Arbeitsspeicher und Rechenleistung absaugt?

Bringt ständige Eifersucht den anderen dazu, genau das zu tun, was der Eifersüchtige befürchtet, und was der andere sonst niemals getan hätte?

Kann man einen Menschen nicht auf Knien zurückgewinnen, weil Selbsterniedrigungen, einmal ausgesprochen, sofort wahr werden?

Würden die Menschen, mit denen Sie am innigsten verbunden sind, Ihre Wesensart und Ihr Verhalten noch wiedererkennen, wenn Sie von heute auf morgen frei von Scham wären?

Sind nicht Liebe, Hass und Trauer unsere stärksten Gefühle, sondern Scham?

Verändern sich die Züge eines Kindes für immer, wenn es das erste Mal Scham empfindet?

Stammt Ihre Scham ausschließlich aus Ihrer Kindheit und Jugend, oder können Sie sich auch heute noch für etwas schämen?

Sind Sie eher der Schamerbe Ihrer Mutter oder Ihres Vaters?

Krümmen sich Ihre einschneidendsten Erlebnisse von Scham weg, wenn Sie sich an sie erinnern wollen? Ist sie aus ihren Löchern herauszuzerren so mühsam, wie einen verstopften Ausguss sauber zu machen?

Wie muss sich einer fühlen, der glaubt, die Scham werde ihn überleben?

Ist man über sich selbst entweder mit Scham oder mit Eitelkeit ehrlich?

Sollte man öffentlichen Bekenntnissen von Schuld und Reue nicht trauen, weil wahre Scham nichts ist, was man nach außen trägt?

Bedarf wahre Scham der Maske?

Kennen Sie sich nicht ohne Maske?

Ist jede Maskerade auch eine Demaskierung?

Verrät Ihre Maske mehr über Sie als Ihr Gesicht?

In welchem Alter begannen Ihre Bemühungen, Ihre Lieblingsmaske zu Ihrem Gesicht werden zu lassen?

2

Die Liebe und das Glück

Angenommen, Sie verlieren über Nacht Ihr Gedächtnis: Würden Sie sich am nächsten Tag wieder in Ihren Partner verlieben?

Überschreibt bei Ihnen eine neue Liebe die alte, oder gab es in Ihrer Liebesbiografie Szenen, die Sie heute noch beliebig vor- und zurückspulen können, Bild für Bild?

Den anderen lieben, bis er sich selbst liebt: Meinen Sie, das funktioniert?

Für den anderen da sein, ihn glücklich sehen wollen: Ist das schon Liebe oder noch Freundschaft?

Muss man für Sie authentisch sein, oder kann man so bleiben, wie man ist?

Will Ihr Partner Sie so haben, wie Sie sind, oder so, wie Sie gern wären?

Bedeutet Lieben, einem Menschen zu helfen, der zu werden, der er sein möchte – oder ihn so zu ändern, dass er den eigenen Wünschen und Sehnsüchten entspricht?

Die amerikanische Autorin Susan Sontag schreibt in ihren Tagebüchern: »Ich interessiere mich nur für Menschen mit dem Vorhaben, sich zu verändern.« Könnten Sie einen Menschen lieben, der Ihnen das Gefühl gibt, jemand anders sein zu müssen?

»Bleib bitte so, wie du bist!« Ist das die schönste aller Liebeserklärungen?

Oder ist noch schöner: »Wie sehr würde ich dich mögen, wenn ich dich nicht liebte!«?

Ist es der schönste Moment der Liebe, wenn einen das Gefühl durchfährt, dass ein Ich in ein Wir verwandelt wird?

Begreift man das Ausmaß der eigenen Einsamkeit erst, wenn man nicht mehr allein ist?

Weiß man um seinen Lebensmenschen, lange bevor man ihn zum ersten Mal sieht, weil alles Finden ein Wiederfinden ist?

Wann hat Ihr Herz zuletzt vor Glück gestrampelt?

Wie oft fühlt sich Ihr Herz an, als stünde es unter Hausarrest?

Verstehen Sie Ihre Liebe umso weniger, je länger Sie Ihren Partner lieben?

Lieben Sie Ihren Partner mit jedem neuen Nichtverstehen noch ein kleines bisschen mehr, oder ist Ihre Liebe von einem Ozean zur Pfütze geworden?

Haben Paare, die *Baby* zueinander sagen, immer ein Problem, das früher oder später zur Trennung führt?

Würden Sie lieber mehr lieben und dafür mehr leiden oder weniger lieben und dafür weniger leiden?

Glauben Sie bei der Liebe an erste Eindrücke, oder erweist sich das Erste, was uns an einem Menschen beeindruckt, im Laufe einer Beziehung oft als das Unwichtigste?

Worin sind sich Ihre bisherigen Liebesbeziehungen ähnlicher gewesen: in ihrem Anfang oder Ende?

Ist jedes Liebespaar nur am Anfang einzigartig und beginnt dann, anderen zu gleichen?

Gehören Sie zu den Menschen, denen es mehr um Liebesbeweise geht als um Liebe?

Gibt es in jeder Liebesbeziehung Wahrheiten, für die es sich zu lügen lohnt?

Man kann eine Katastrophe beschreiben, vielleicht sogar ein Wunder – aber das Glück?

Dem französischen Schriftsteller Henry de Montherlant wird die Sentenz zugeschrieben, das Glück schreibe mit weißer Tinte auf weißes Papier. Bleibt beschriebenes Glück unsichtbar? Und ist zur Schau gestellte Liebe keine?

Offenbaren sich Gefühle umso weniger, je tiefer sie sind? Verspüren die wirklich Glücklichen eine atavistische Scheu, das Glück beim Namen zu nennen, es zu *bereden*?

Sind zwei von Liebe erfüllte Menschen in Gesellschaft so diskret wie die Gravur auf der Innenseite eines Rings, weil sie den anderen mit ihrem Glück nicht wehtun möchten?

Hat die Liebe nicht nur mit Liebe zu tun? Braucht es zum Beispiel Großmut, damit die Liebe bleibt?

Bleibt die Liebe nur bei Menschen, die in ihr weder Halt noch Erlösung suchen?

Sehnen Sie sich nach einem neuen Menschen, der Ihnen wie ein neuer Himmel ist und dem Sie selbst auch noch einmal neu wären?

Sind Sie jemandes Lieblingsmensch?

Einen Menschen nicht lieben können, weil man ihm nicht vertraut: Spricht das für intakte Instinkte oder ein verkümmertes Essigherz?

Ist Misstrauen in der Liebe ein verachtenswertes Gefühl, das den Menschen, der es kundtut, gleichermaßen beschmutzt wie den, gegen den es sich richtet?

Wenn Sie über Ihren Argwohn nachdenken: Ist es so wichtig, die Geheimnisse des Menschen aufzudecken, den Sie lieben? Ist das, was Sie mit Ihrem Partner verbindet, nicht wichtiger als das, von dem Sie glauben, dass er es vor Ihnen verheimlicht?

Wenn Sie mal einen Blick ins Souterrain Ihrer Seele werfen: Lieben Sie sich für die Liebe zu Ihrem Partner? Lieben Sie Ihren Partner dafür, dass er zusieht, wie Sie ihn lieben?

Haben Sie schon einmal zu sich selbst *Ich liebe dich* gesagt?

Sollte man sich selbst öfter mal siezen?

Du sollst mich bedingungslos lieben! Ist es fatal, in einer Beziehung Bedingungslosigkeit als Bedingung zu stellen?

Ich bin verrückt nach dir. Ich verliere noch den Verstand. Meine Seele verzehrt sich nach dir. Ich brenne für dich. Es gibt nichts mehr ohne dich. Ohne dich bin ich hoffnungslos verloren: Gehören Sie zu den Menschen, die sich der Liebe als Mittel zur totalen Selbstaufgabe bedienen?

Verhalten sich Kummer und Schmerz proportional zur Liebe? Geht bei besonders liebesfähigen Menschen auch der Schmerz tiefer?

Erleben Sie Liebesschmerz oder bloß noch Liebeskummer?

Bringt sich niemand mehr wegen der Liebe um?

Gehört es zu Ihrem Selbstkonzept, sich für eine Liebe womöglich zu ruinieren, oder zählen Sie zu den liebesgeschichtenunfähigen Menschen, die meinen, auch bei der Liebe gelte es, stets einen kühlen Kopf zu bewahren?

Einen Liebeskranken fragen, ob es die Sache wert sei: Ist das so, als würde man einen Mistkäfer fragen, ob es der Mist wert sei?

Liebe und Leidenschaft sind ihrer Natur nach maßlos. Wenn in Ihrem Leben morgen aus heiterem Himmel besinnungslose, alles verzehrende Leidenschaft auftauchen würde: Wäre in Ihrem Leben Raum dafür?

Geben Sie Ihrem Herzen einen Stoß! Hat das bei Ihnen schon mal funktioniert?

Gibt es einen Menschen, der Ihnen näher ist als Sie sich selbst?

Macht es blind, dauernd nach Menschen Ausschau zu halten, die man womöglich lieben könnte – so wie man sich auf einen bestimmten Gegenstand zu konzentrieren versucht und ihn am Ende vor lauter Starren nicht mehr erkennt?

Wünschen Sie, Ihr Herz möge, bevor es vollständig erfroren ist, noch einmal gebrochen werden, oder haben Sie die Liebe ernüchtert hinter sich gelassen, weil Sie sie so undurchsichtig finden wie ein Klofenster?

Ist Liebe Abhängigkeit, Unfreiheit und – was Hippies auch immer behaupten mögen – Besitz?

Ziehen Sie Freundschaft der Liebe vor, weil die Liebe, wundervoll am Anfang, viel Arbeit macht, mühsam wird und man ihr gleichsam mit hängender Zunge hinterherlaufen muss, stets bemüht, die Intensität der Gefühle aufrechtzuerhalten, besessen von dem Wunsch, den geliebten Menschen nicht zu enttäuschen, voller Furcht, am Ende könnten alle Mühen und Träume vergebens gewesen sein?

Ist Ihr Herz bereits so bitter und trocken, dass Sie nicht den Glauben an die Liebe verloren haben, sondern das Interesse an ihr?

Irgendwann im Leben unumkehrbar über die Liebe hinaus sein: Gibt es das?

Gleicht Ihr Herz einem Gräberfeld?

Halten Sie Glücklichsein für die natürliche Folge von Liebe, oder geht es in der Liebe eher um Wahrheit als um Glück?

Irrte der britische Popstar Cat Stevens, als er sang, dass *the first cut the deepest* sei? Ist der erste Liebeskummer gar nichts, gemessen an den viel brachialeren, die später noch kommen?

Sie finden, Ihre Liebe habe über die Jahre an Tiefe gewonnen? Wie schön, aber hätten Sie zu all der Tiefe heimlich auch gern noch mal ein bisschen mehr Höhe?

In Liebesromanen geht es oft um die Sehnsucht nach dem Menschen, der uns endlich bis auf den Grund unserer Seele erkennt. Hätten Sie Angst vor diesem Menschen, weil Sie insgeheim das Gefühl haben, unliebbar zu sein?

Ist, bis auf die Glücksindustrie, keiner mehr zufrieden, seit wir den Zwang spüren, glücklich zu sein?

Sind Menschen, die sich verpflichtet fühlen, glücklich zu sein, zum Unglück verdammt?

Zu versuchen, mit zusammengebissenen Zähnen glücklich zu sein: Ist das so tragikomisch wie der Versuch, größer werden zu wollen?

Wäre vielen Glückssuchern bereits geholfen, ersetzte man das Wort *Glück* durch *Lebensfreude*?

Ist Dankbarkeit das Gefühl, das Glück am nächsten kommt? Oder ist Dankbarkeit bereits Glück?

Welkt das Glück wie ein abgebrochener Fliederzweig, sobald es merkt, dass es gefangen und eingesperrt werden soll?

Verdienen jene Beziehungen Verehrung, die nicht nur von Liebe getragen werden, sondern auch von Freude?

Mit klugen Leuten dummes Zeug reden: Ist das schon fast Glück?

Gibt es für das Denken keinen besseren Einstieg als das Lachen?

Der Literaturnobelpreisträger Elias Canetti schrieb: »Ich habe es satt, die Menschen zu durchschauen; es ist so leicht, und es führt zu nichts.« Ist es Unglück pur, mit jemandem einen Abend verbringen zu müssen, der seinen mephistophelischen Röntgenblick nicht abschalten kann?

Wann waren Sie das letzte Mal glücklich darüber, Sie selbst zu sein?

Wohnt in Ihnen ein unbesiegbarer Sommer, oder kommt das Wort *Glück* in Ihrem Wortschatz häufiger vor als in Ihrem tatsächlichen Leben?

Unabhängig vom Glück sein, sich nicht nach dem Glücklichsein sehnen, das Glück entbehren können: Ist das die ideale Voraussetzung, sich vom Glück treffen zu lassen? Oder kommt das Glück nur zu denen, die es erwarten und die Tür offen halten?

Was erscheint Ihnen erstrebenswerter: lupenreines Glück oder Glück, das die Einschlüsse alter Kämpfe enthält?

Gibt es ohne ein gewisses Maß an Leid kein wie immer geartetes Glück? Wäre das Glück ohne Unglück kein Glück?

Ist den meisten Menschen das Glück längst nicht so wichtig wie die Suche danach?

Ist man nie unglücklicher als in der Zeit, in der man das Glück sucht?

Gehört das Glück denen, die sich selbst genügen?

Kommen Sie über eine bestimmte Obergrenze an Glück nicht hinaus, während Kummer und Schmerz bodenlos zu sein scheinen?

Ist Glück, weiter zu begehren, was man schon hat?

Ist das Unglück auch ein Glück, weil die großen Veränderungen nur über das Unglück in uns eindringen?

Haben glücklichere Menschen nicht einfach mehr Glück, sondern sind auch besser darin, negative Ereignisse umzudeuten?

Sollten Sie dazu übergehen, reines Wohlbehagen als Glück zu sehen?

Gibt es viel mehr Menschen, als man denkt, die in ihrem Leben für Glück keine Verwendung haben?

3

Begehren und Treue

Männliche Breitfuß-Beutelmäuse kopulieren bis zu vierzehn Stunden am Tag und brechen, kaum ein Jahr alt, tot zusammen, während die Weibchen die Jungen zur Welt bringen und sich erneut fortpflanzen. Würden Sie mit den Männchen tauschen wollen oder mit den Weibchen?

Finden Sie es aufregend, sich in einer Partnerschaft gegenseitig vom Fremdgehen zu erzählen, weil das in Ihnen einen Kitzel auslöst, als sähen Sie sich gegenseitig beim Liebemachen zu?

Sind achtzehn Monate mehr oder weniger das, was man von einer Beziehung erwarten kann, die hauptsächlich aus begeisterter Kopulation besteht?

Sprechen Sie gern beim Sex, oder reicht es, zu stöhnen?

Gibt es Glück, Sinn und das wahre Paradies nur im Sexuellen?

Kennt man einen Menschen erst wirklich, wenn man seine Sexualität kennt?

Kennen Sie nur Leidenschaft, Begehren, Begierde und wüssten gerne, wie das ist: zu lieben?

Halten Sie Begierde für ein Gefühl?

Angenommen, Sie und Ihr Partner wären gleichgeschlechtlich: Wären Sie dann auch ein Liebespaar geworden?

In dem Roman *Glücklich die Glücklichen* der französischen Schriftstellerin Yasmina Reza sagt die Ich-Erzählerin: »Eine Frau will dominiert werden. Eine Frau will in Ketten gelegt werden. Das kann man nicht jedem erklären.«
Ist Sex der einzige Lebensbereich, in dem es niemals eine Gleichberechtigung geben wird?

Gibt es seit einigen Jahren drei Geschlechter: männlich, weiblich, sportlich?

Werden die ständigen Scharmützel zwischen Männern und Frauen so lange weitergehen, wie der Mensch existiert, oder sind wir Zeuge, wie Platons Mythos des androgynen Menschen allmählich Wirklichkeit wird? Werden die Geschlechter fusionieren, mit der Folge, dass Sex so langweilig wird wie das Tanzen mit der eigenen Schwester?

Was setzt Ihnen mehr zu: der globale Klimawandel oder der zwischengeschlechtliche Klimawandel?

Von etwas *übermannt* sein: Was mag das heute bedeuten?

Würde eine durchgehende Freikörperkultur – die kein sogenanntes Naturvolk kennt – zum Aussterben der Menschheit wegen sexueller Unlust führen?

Halten Sie Promiskuität für Charakterschwäche oder gehört zur vielgesichtigen Wahrheit einer Beziehung, dass wer sich selbst treu bleiben will, nicht immer anderen treu bleiben kann?

Angenommen, Ihr Partner hat Sie betrogen: Halten Sie die Frage, was bei der Anderen anders war, für die naheliegendste oder ist sie ein Ausdruck von fehlendem Selbstbewusstsein?

Ist das Küssen in Ihrer Beziehung zu einem Akt des guten Willens geworden?

Küssen Sie Ihren Partner nur noch dann auf den Mund, wenn Freunde zugegen sind?

Haben Sie Ihren Partner schon so lange nicht mehr berührt, dass Sie es kaum noch vermissen?

Warten Sie, bis Ihr Partner aus dem Zimmer gegangen ist, bevor Sie sich abends ausziehen?

Meinen Sie, der Zustand Ihres Körpers sei Ihren Kindern eher zuzumuten als Ihrem Partner?

Ersetzt bei Ihnen die Körperlichkeit mit den Kindern nach und nach die Körperlichkeit mit Ihrem Partner?

Sehen Sie viel häufiger Sex im Fernsehen, als Sie selbst welchen haben?

Empfinden Sie diese Sexszenen als Zumutung, die jedes Mal viel zu lange dauert, oder entfachen sie in Ihnen eine Sehnsucht, von der Sie aber meinen, sie sei in Ihrem Leben nicht mehr zu stillen?

Wer hat ein längeres Gedächtnis, was sexuelle Lust oder Unlust betrifft: Ihr Körper oder Ihr Kopf?

Sind Sie im Niemandsland eines Hotelzimmers erotisch wagemutiger, oder ist es umgekehrt, weil Ihnen nur das Vertraute Ihre Hemmungen nimmt?

Laut einem Bericht des Magazins *Stern* aus dem Jahr 2023 denkt nur jeder zehnte Deutsche beim Sex tatsächlich an den Menschen, mit dem er gerade schläft. Dennoch sind 71 Prozent der Deutschen mit ihrem Sexualleben zufrieden. Erleben Sie Sex als Performance, während derer Sie zugleich Darsteller und Zuschauer sind? Kommen Sie sich dabei wie ein Lügner vor, der sich selbst beim Lügen betrachtet?

Erinnern Sie sich an Ihre erste Affäre so gut wie an keine danach, oder erstaunt Sie immer wieder aufs Neue, was Sie so alles nach kürzester Zeit vergessen haben, als wäre es nie geschehen?

Ferdinand von Schirach schreibt in seiner Erzählung *Regen*: »Wir können jedem vergeben. Unseren Eltern, unseren Kindern, unseren Freunden und selbst unseren Feinden. Nur uns selbst können wir nicht vergeben, das ist nicht möglich. Niemand kann sich selbst seine Schuld erlassen, das kann nur der Gläubiger tun.« Ist in Ihrem Fall das Gegenteil richtig? Hat niemand größeres Verständnis für Ihre Sünden und Missetaten als Sie selbst?

Ist alt, wer beim Pornogucken denkt: Wow, dieses Bett sieht aber bequem aus?

4

Charakter (oder was wir dafür halten)

Jemand gibt Ihnen einen Behälter mit allem, was Sie je verloren haben: Wonach suchen Sie zuerst?

Gehören Sie zu den Menschen, die zu viel über sich selbst wissen, als dass sie ihren Mitmenschen besonders viel davon zeigen wollen?

Können langjährige Psychotherapien eine gleichermaßen subtile wie unbewusste Vermeidungsstrategie sein, sich tatsächlich zu ändern?

Erinnern Sie sich weniger an das Glück selbst als an Schauplätze des Glücks, weil Glück sich nicht greifen lässt und erst der Ort es wieder fühlbar macht?

Ist für viele Frauen nicht das Aussehen eines Mannes entscheidend, sondern wie ihr eigenes Aussehen von diesem Mann wahrgenommen wird?

Vergisst man keinen Menschen, mit dem man geweint hat?

Warum weint man manchmal erst, wenn man getröstet wird?

Meinen Sie, Sie täuschen nichts mehr vor, sobald Sie zu weinen begonnen haben?

Ist Erfahrung nicht das, was einem zustößt, sondern das, was ein Mensch aus dem macht, was ihm zustößt?

Ist es aussichtslos, ein interessantes Leben führen zu wollen, wenn man keine Interessen hat?

Verändern sich Fühlen und Denken eines Bahnreisenden je nachdem, ob er in Fahrtrichtung sitzt oder andersherum?

Identifizieren Sie sich mit Ihrem Bauch, oder gehört er nicht zu dem Menschen, als der Sie sich fühlen?

Was bedrückt einen durchschnittlichen Mann mehr: der Verlust seiner Haare oder der Verlust der Wälder?

Erkennt man den Wesenskern eines Mannes eher, wenn er ein Auto lenkt oder wenn er Beifahrer ist?

Sehen Workaholics im Tode womöglich schöner aus als im Leben?

Werden Sie auf dem Sterbebett Ihren Newsfeed checken, um zu wissen, was Sie verpassen werden?

Welche Art von Einsamkeit finden Sie quälender: Sie haben niemanden gefunden, den Sie lieben können, oder der Mensch, den Sie geliebt haben, wurde Ihnen genommen?

Entsteht eine Depression, wenn man die Kraft verliert, traurig zu sein?

Sind Sie lieber allein traurig oder in Gesellschaft?

Kennen Sie diese Morgen, die so trübe sind, dass die Vögel wieder schlafen gegangen sind?

Wecken uns Träume, um uns zu sagen, dass wir uns erinnern sollen?

Für welche Tat von Ihnen möchten Sie am Ende Ihres Lebens erinnert werden?

Haben auch Sie in Ihrem Leben mehr genommen als gegeben, oder glauben Sie, eine Ausnahme zu sein?

Werden Sie am Ende Ihres Lebens am meisten bereuen, nicht gütig gewesen zu sein, weil Sie zu spät begriffen haben, dass man sich derer am innigsten erinnert, die am gütigsten waren?

Macht beigefarbene Frauenunterwäsche Männer depressiv?

Können viele Menschen bis an ihr Lebensende Ereignisse nicht vergessen, die niemals geschehen sind, weil sich für unser Gehirn richtige und falsche Erinnerungen vollkommen gleich anfühlen?

Was man behalten will, vergisst man, und was man vergessen will, behält man: Wird Ihr Gedächtnis Ihnen zunehmend unheimlich?

Was ist bei Ihnen stärker ausgeprägt: die Kraft der Erinnerung oder die Kraft des Vergessens?

Hat Verdrängung völlig zu Unrecht einen miesen Ruf, weil es ohne Verdrängung kein Glück gäbe?

Verdrängung ist ein unbewusster Akt. Nennt man das, was Sie praktizieren, vorsätzliches Vergessen?

Misst sich die Lebenskraft eines Menschen auch an seiner Fähigkeit zu vergessen?

Versagt Ihre Erinnerung Ihnen selbst gegenüber? Sind Sie in Ihrem Lebensgefühl ein Mensch ohne Vergangenheit?

Haben Leute mit sehr gutem Gedächtnis keine großen Gedanken?

Meinen Sie, alle Wahrheiten über sich zu kennen, oder tragen Sie Dinge in sich, die so schrecklich und unaussprechlich sind, dass Sie sie nicht als wahr akzeptieren können?

Lügen Sie mit jedem Atemzug, wenn Sie über die Vergangenheit reden? Ist das, was Sie als Erinnerung ausgeben, in Wirklichkeit eine Form des Geschichtenerzählens, die sich oft noch während des Erzählens verändert?

Wie viele Versionen von sich selbst haben Sie bereits in die Welt gesetzt? Erinnern Sie sich noch an jede?

Ist Erinnern Rückwärtsdenken?

Tut jede ins Gedächtnis zurückgerufene Erinnerung ihren Ursprüngen Gewalt an, wie beim Kinderspiel *Stille Post*?

Gibt es in Ihnen eine Erinnerung, die Sie nicht bestätigt, oder ist der Mensch aus Erinnerungen aufgebaut, die ihn darin bestärken, wie er ist?

Gehirne lieben Muster, Zusammenhänge, schlüssige Geschichten. Wäre deswegen jedes Ich am liebsten immer schon so gewesen, wie es schließlich geworden ist?

Und denken deshalb die meisten Menschen von sich: Ich bin im Grunde geblieben, wer ich war – ich bin nur älter geworden?

Jede Erinnerung ist eine Erinnerung an die Erinnerung – und zwar immer an die neueste Erinnerung. Müsste in Memoiren deshalb jeder Satz mit der Warnung beginnen: »*Ich glaube, mich zu erinnern, dass …*«?

Verletzlichkeit und das Selbstbewusstsein, sich diese anmerken zu lassen: Bringt das Menschen dazu, einen zu mögen, einem zu vertrauen?

Wann kommt Ihr wahres Gesicht zum Vorschein: Wenn Sie unter Druck sind, in Bedrängnis, oder wenn Sie sich frei und unbelastet fühlen?

Ist das Unveränderlichste an einem Menschen die Art, wie er im Zorn ist?

Imponiert Auf-den-Tisch-Hauen nicht einmal dem Tisch?

Schützt Ihre Wut Sie vor Ihrer Traurigkeit, als würde sich jemand mit dem Hammer auf den Daumen schlagen, um sich von seiner Migräne abzulenken?

Wenn Sie zusammenfassen, was über Sie alles gesagt wird: Würden Sie diesen Menschen erkennen, wenn Sie mit ihm zusammentreffen?

Niemand denkt über Sie so, wie Sie über sich denken: Empfinden Sie das als kränkend, oder erleichtert es Sie vielmehr?

Werden Sie bis zu Ihrem letzten Atemzug nicht wissen, wie die Menschen wirklich über Sie denken?

Kennen Sie einen Menschen, der Ihnen besser gefällt als Sie sich selbst?

Versetzt Sie kaum etwas in größere Panik als die Vorstellung, jemand könnte in Sie hineinsehen?

Ist Tanzen, wie über seine Gefühle zu reden?

Wahren Sie den Schein nicht nur vor anderen, sondern auch vor sich selbst?

Ist Ihr Bedürfnis, sich von Ihren Mitmenschen zurückzuziehen, umso größer, je mehr Sie von sich verstecken?

Sich über vermeintliche Makel im Äußeren von Frauen beömmeln: Machen das erfahrungsgemäß Männer, die aussehen wie ein Hodensack mit Toupet, und die das auszeichnet, was Amerikanerinnen *small dick energy* nennen?

Reden in Konferenzen stets jene am meisten, die am wenigsten beizutragen haben, nach der Devise: *So dumm und doch nicht stumm*?

Mit einem Idioten zu diskutieren anfangen: Gibt es dann sehr schnell zwei Idioten?

Folgen Sie Ihrem Ehrgeiz, oder verfolgt er Sie?

Genügt es Ihrem Neid, wenn die anderen es ebenso schlecht haben wie Sie, oder will Ihr Neid es so gut haben wie die von Ihnen Beneideten?

Nimmt die Zahl der Menschen zu, die jahrelang nach Antworten suchen und dann feststellen müssen, dass sie gar keine Fragen haben?

Ist penetrante Selbstverwirklichung die einzige Form der Sklaverei, die selbst gewählt ist?

Ein Trauma wird durch Löschung eines einzigen Buchstabens zu einem Traum. Sollte man seine Traumata und Dämonen nicht exorzieren wollen, sondern mit ihnen zusammenleben wie mit einem Partner, der einen bereichert und vervollständigt?

Finden Psychiater ihre Patienten interessanter als Menschen, die von Beruf ebenfalls Psychiater sind?

Gegen wen richtet sich der älteste Hass Ihres Lebens?

Und gegen wen der unerbittlichste?

Empfinden Sie Ihre Wutkoller als so befreiend wie Niesen oder einen Orgasmus?

Der amerikanische Schriftsteller Nicholson Baker beurteilt Romane danach, wie viel Liebe in ihnen enthalten sei. Ist diese Sicht gleichermaßen sympathisch wie begrenzt, weil viele Werke nichts wären ohne den Hass, der sie nährt? Ohne den bösen Blick, der zuweilen beweist, dass Hass nicht blind, sondern unangenehm scharfäugig machen kann?

Stimmt es womöglich gar nicht, dass Hass den Hassenden innerlich zerfrisst und um den Schlaf bringt? Kann Hass, wenn er diskret und klug gehandhabt wird, lustvoll sein, zum eigenen Wohl kultiviert werden?

Hat jeder, der nach einer guten Tat Dank beansprucht, seine Tat wertlos gemacht?

Ruinieren wir unsere Entschuldigung, wenn wir gleich eine Erklärung für unser Verhalten hinterherschieben?

Sollte man sich zeigen, wie man ist, oder sein, wie man sich zeigt?

Sind Sie intelligent, aber nicht nachdenklich, weil Sie meinen, dass übertriebene Nachdenklichkeit den Willen lähmt?

Den eigenen Egoismus zugeben: Ist das die einzige Möglichkeit, etwas weniger egoistisch zu sein als die anderen?

Falls Sie den Wunsch verspüren, von anderen Menschen gebraucht zu werden: Ist Ihnen klar, dass Sie dann nie frei sein werden?

Sollte man Menschen misstrauen, die von Ihren Überzeugungen überzeugt sind?

Gehören Sie zu jenen Gescheiterten, die ihr Scheitern vor sich selbst zu verheimlichen versuchen, indem sie Trost im Scheitern von anderen suchen?

Sehnen Sie insgeheim Menschheitskatastrophen herbei, weil Sie so für Augenblicke vom Drama der eigenen Erfolg- und Belanglosigkeit erlöst wären?

Ein Essay des französischen Philosophen Michel de Montaigne beginnt mit den Worten: »Ich habe auf der ganzen Welt bisher kein ausgeprägteres Monster und Mirakel gesehen als mich selbst.« Kennen Sie einen Roman oder Film, den Sie faszinierender finden als die Verdrehtheiten und Abgründe Ihres Ichs?

Empfinden Sie es als Zumutung, wenn jemand zu Ihnen sagt, Sie sollten an sich glauben, weil Sie es schon schlimm genug finden, dass Sie sind, wie Sie sind?

Verstehen Sie es, in Ihrem Herzen zu lesen, oder müssen das andere für Sie tun?

Glaubt kein Sieger an den Zufall?

Korrumpiert Macht auch jene, die sie nicht haben?

Warum ist es einfacher, sich das Ende der Welt vorzustellen als das Ende des Kapitalismus?

Kann man die Probleme eines Landes an der Größe der Flaggen ermessen, die über der Hauptstadt wehen?

Warum mag nach einer Revolution niemand mehr die Revolutionäre?

Macht es auf Dauer dumm, moralisch im Recht zu sein?

Führt bei Ihnen kein anderer Weg zur Vernunft als der über die Eitelkeit?

Sich auch noch in Extremsituationen mit den Augen der anderen betrachten müssen: Ist das Unsicherheit oder sorgfältig gepflegte Eitelkeit?

Macht nichts so eitel, wie unsicher zu sein?

Narzissten müssen zwanghaft Männchen machen und sich bei diesem Schauspiel auch noch selbst beobachten und korrigieren. Ist es das, was ihren Selbsthass erklärt?

Wen täuschen und belügen Sie leichter, überzeugender: andere oder sich selbst?

Verzeihen Sie immer nur Menschen, denen Sie aus Berechnung verzeihen wollen?

Meint eine Stimme in Ihnen, Reue sei nur etwas für schlichte Gemüter?

Beneiden Sie Menschen, die tagein, tagaus im Hier und Jetzt leben, oder bedauern Sie sie, weil das Leben mit der Vergangenheit das Leben in der Gegenwart reicher macht?

Sollte man Leute, die einem vorhalten, man würde seinen Schmerz nur betäuben, mal fragen, was man denn bitte schön mit Schmerz Besseres machen kann?

Gehören Sie auch schon zu den Unrechtsleidern und Berufsgekränkten, die überzeugt sind, ihre Identität ergebe sich aus den Diskriminierungen, die sie meinen erlebt zu haben?

Die eigene Identität auf Benachteiligungen gründen: Ist das nicht Dazugehörigkeitsverlangen, sondern Wille zur Macht?

Sollten Sie lernen, das Universum nicht persönlich zu nehmen?

Beginnt Selbsterkenntnis damit, dass man sich über das eigene Ego amüsieren kann?

Warum klopfen Männer einander bei der Begrüßung mit einer Hand auf den Rücken, als wollten sie sich dazu bringen, Bäuerchen zu machen?

In den 1970er Jahren hielten sich zehn Prozent der Deutschen für etwas Besonderes, heute sind es bereits achtzig Prozent. Macht uns gerade das Verlangen, unverwechselbar und einzigartig zu sein, zum Massenmenschen?

Zwei Drittel aller Deutschen hält sich für überdurchschnittlich intelligent. In Wahrheit haben fast siebzig Prozent lediglich einen IQ zwischen 85 und 115 Punkten. Nur fünfzehn Prozent liegen darüber und können sich mit Recht als begabt bezeichnen. Ist nicht mehr ganz so durchschnittlich, wer begriffen hat, dass er ein Durchschnittsmensch ist?

Muss man schon deshalb für künstliche Intelligenz sein, weil es zu wenig natürliche gibt?

Ist Schönheit eine Form von Intelligenz, wie der amerikanische Popart-Künstler Andy Warhol meinte, oder unterhalten Schönheit und Dummheit verwandtschaftliche Beziehungen, Hässlichkeit und Intelligenz aber nicht?

Was halten Sie für gefährlicher: Dummheit oder Bösartigkeit? Ist Dummheit ein Nährboden für Bösartigkeit, oder sind es gerade besonders intelligente Menschen, die zur Bösartigkeit neigen?

Gefragt, was er unter einer Marke verstünde, sagte der Amazon-Gründer Jeff Bezos: »Deine Marke ist das, was die Leute über dich sagen, wenn du den Raum verlassen hast.« Glauben Sie, eine erfolgversprechende Marke zu sein?

Kann man Selbstwertgefühl nicht selbst erlangen? Entsteht es erst, wenn andere uns anerkennen, loben, lieben?

Loben Sie, wie Sie Geld anlegen, auf dass Ihnen mit Zinsen zurückgezahlt wird?

Ist das Kind in Ihnen noch lebendig, oder sind Sie bloß dann und wann noch kindisch, zum Beispiel nach dem Konsum von Cannabis?

Warum schauen Sie das Kind von damals nicht an und lassen es von seinen Schmerzen erzählen? An wen soll sich das Kind wenden, wenn es sich noch nicht einmal an den Erwachsenen wenden darf, zu dem es geworden ist?

Haben Sie schon einmal Edelmut bewiesen, oder wissen Sie gar nicht, was das sein soll?

Fühlen Sie sich nach einer großherzigen Tat so geläutert, dass Sie Lust hätten, statt einer Psyche eine Seele zu haben?

Warum gibt es keine gute Tat von Ihnen, von der bis heute niemand weiß?

Ist es eine weithin unterschätzte Freude, keine Feinde zu haben?

Sollten Skeptiker auch ihrer Skepsis mit Skepsis begegnen und sich hin und wieder fragen, ob deren Gründe immer noch bestehen?

Braucht der Einsame die Menge? Muss man *dabei* sein, um zu spüren, dass man nicht *dazu*gehört?

Entsteht wirkliche Nähe erst, wenn Menschen zeigen, aus welch krummem Holz sie sind? Und finden Sie deshalb diejenigen Aktivisten der *Letzten Generation* am sympathischsten, die in den Ferien nach Bali fliegen?

Wenn Sie Ihre eigenen CO_2-Ferkeleien rekapitulieren: Sagen Sie sich dann mit Blick auf Jüngere: *Nach mir die Sintflut*?

Geht Sie die Zeit nach Ihrem Tod so wenig an wie die vor Ihrer Geburt?

Sollten Leute, die auf der Suche nach Erleuchtung eine wochenlange Pilgerreise machen wollen, erst einmal einen ganzen Tag lang stillsitzen?

Gehört es zu den Komplikationen im Leben reflektierter Menschen, dass sie keine unvermischten Gefühle haben können, dass es immer etwas an ihren Feinden gibt, das sie mögen, und an ihren Liebsten, das sie nicht mögen?

Haben Sie zu viele kluge Bücher gelesen, um die einfachsten Dinge zu verstehen?

Roberto Blanco sang einst: »Samba si, Arbeit no«. Kommt, wer ein Leben lang alles durchdacht hat, am Ende wieder bei Schlagertexten an?

Ist Ihr Denken nicht der Praktikabilität verpflichtet, sondern der Originalität?

Verlangt Ihnen nicht banal zu sein eine ständige Anstrengung ab?

Bildet sich bei Ihnen eine neue Überzeugung, sobald Sie eine alte verlieren, oder überzeugt Sie immer weniger, sodass Sie fürchten, ohne Überzeugungen zu sterben?

Bilden Sie sich schon lange nicht mehr ein zu wissen, was richtig ist oder falsch, können aber erkennen, was neu ist, und das jeden Tag besser?

Sollte man keinem Gedanken trauen, der im Sitzen entstanden ist?

Sind Empfindsame oft besonders unaufmerksam – als wären sie ohne Empfindung für den Schmerz anderer, als wären ihre Mitmenschen ihnen vollkommen egal?

Haben Sie schon einmal in einem Flughafengebäude mit dem Gedanken gespielt, Ihr Gepäck unbeaufsichtigt zu lassen?

Empfinden Sie es als Genugtuung und höhere Gerechtigkeit, dass die Suizidrate bei Erben von größeren Vermögen höher ist als in der Normalbevölkerung?

Was macht Menschen auf Dauer langweiliger: viel Geld zu haben oder fortgesetzte Erfolglosigkeit?

Ist der Mensch das einzige Lebewesen, dessen Bedürfnisse zunehmen, wenn sie befriedigt werden?

Nimmt bei Ihnen das Gefühl zu, Sie würden jedem einzelnen Menschen etwas schulden, der ärmer ist als Sie?

Wenn Sie einmal einen Rundgang in Ihrem Kopf machen und nach dem Rechten sehen: Rennen Sie Ihren Träumen hinterher oder denen anderer?

Müssen Ihre Träume erst wahr werden, damit Sie sehen, dass es die falschen waren?

Schafft man es, wenn die Traumschlösser zu groß sind, oft nicht einmal in den ersten Stock?

Sollten Sie sich bei wichtigen Entscheidungen vorstellen, in einer Fernseh-Talkshow mit fünf anderen Gästen zu sitzen, die alle eine Gegenposition einnehmen?

Ist Ihre Entscheidung erst dann qualifiziert zu nennen, wenn Sie die Gegenposition mindestens so eloquent vertreten können wie Ihre eigene?

Jedem von uns fallen Tage ein, die er gern noch einmal erleben würde. Ist es dagegen zweifelhaft, dass irgendjemand sein Leben noch einmal würde leben wollen?

5

Schönheit, Kunst, Stil

Muss man das Schöne in sich tragen, um es in der Welt zu erkennen?

Ist Schönheit der Glanz der Wahrheit?

Was ist einem Menschen passiert, der Schönheit nur ertragen kann, indem er sie als Kitsch denunziert?

Setzt erst die Leidenschaft für den Schimmer und Blütenstaub der Welt das Leben unter Spannung?

Hat alles Anmutige und Schöne, das einem am Herzen liegt, einen gemeinsamen Ursprung im Schmerz?

Empfinden wir manche Menschen als schmerzhaft schön, weil ihr Anblick uns hässlich macht?

Hat Schönheit etwas Animalisches, das Schöne etwas Himmlisches?

Kann einem selbst außergewöhnliche Schönheit durch Gewöhnung gleichgültig werden?

Stumpft die Sehnsucht nach dem Schönen so rasch ab, dass sie sich nur durch Entzug am Leben erhalten lässt?

Nelson Mandela, Jane Goodall: Gibt es so etwas wie die moralische Schönheit eines Gesichts?

Was bewegt Sie mehr: das Naturschöne oder das Kunstschöne?

Erkennt man den wahren Snob daran, dass er niemals eine Packung tiefgekühlte Gemüsemischung kaufen würde, weil er geriffelte Karotten ästhetisch unzumutbar findet?

Manche Häuser sind von einer Schönheit, dass man stehenbleibt und eine innere Stimme sagt: »Angekommen!« Wo steht so ein Haus *für Sie*?

Gehört der Spiegel zu den niederschmetterndsten Erfindungen der Geschichte, weil die Hälfte der Menschen seither wegen verpasster Schönheit grollt und ein Problem mit der Selbstliebe hat?

Wie oft denken Sie morgens vor dem Spiegel: Wenn ich doch nur dieses Gesicht kämmen könnte?

Fällt Sie manchmal das Verlangen an, bei Ihnen zu Hause die Spiegel abzuhängen und ohne Ihr Bild zu leben, wie einst als egofreies Kind?

Sind elegante Menschen unter Uneleganten viel verlorener als umgekehrt?

Kennen Sie jemanden, der in Birkenstocks elegant gehen kann?

Sollte *crushed ice* endlich verboten werden?

Und sollte es ein Gesetz gegen Seidenpapier in Socken geben, weil es nur dazu da ist, einem Zeit zu stehlen und zu sagen: »Alles neu«?

Ist die bemoost klingende Sentenz *Kleider machen Leute* immer noch wahr, weil Kleidung nach außen hin ein bestimmtes Selbstgefühl etablieren kann, dem das Innere mit einiger Verzögerung nachkommt?

Von welchem Alter an sollte man seine Kleidung der eigenen Figur anpassen und nicht mehr umgekehrt?

Neunzig Prozent der Menschen tragen achtzig Prozent der Zeit nur zwanzig Prozent ihrer Garderobe. Mal ausmisten?

Sollte man Hobbyrennradfahrern mal sagen, dass der Kauf eines Rennrads nicht zum Tragen von genitalwürgenden Radlerhosen verpflichtet?

Warum haben neuerdings immer mehr Menschen mit Mitte zwanzig unwirklich weiße Zähne, mit denen sie aussehen, als hätten sie bereits die dritten Zähne im Mund?

Ist, wie der Schriftsteller Heinz Strunk meint, *Analtunke* das widerlichste Wort der deutschen Sprache?

Pics or it didn't happen: Leben Sie auch schon nach dieser Maxime, oder sind für Sie die wertvollsten Erinnerungen jene, von denen nichts weiter zurückbleibt als die Erinnerung selbst?

Wann ist es eigentlich Mode geworden, beim Fotografiertwerden zu lächeln, während es für unsere Vorfahren offenbar eine todernste Angelegenheit war? Hat sich für sie in jenem festgehaltenen Moment die Vergänglichkeit offenbart?

Ist ein talentierter Theater- oder Filmschauspieler das perfekte Beispiel dafür, wie Künstlichkeit Authentizität erzeugt?

Alrakis, Bellatrix, Dschubba, Flegetonte, Illyrian, Kornephoros, Minelauva, Nosaxa, Sansuna: Unterschätzen Sie, wie schön es ist, die Namen von Sternen, Bäumen, Vögeln und Insekten zu kennen?

Gehören Sie zu den Naturen, für die draußen nur von drinnen schön ist?

Benutzen Sie das Wort *Outdoor*?

Kann man mit einem Skistock einfach nicht freundlich winken?

Halten Sie Witzeerzählen für eine satisfaktionsfähige Gattung der Kommunikation?

Region: Sagen das Leute, die nicht mehr *Provinz* sagen wollen, aber immer noch Provinz meinen?

Setzt sich gute Kunst durch, weil man gut nennt, was sich durchsetzt?

Warum sind Menschen, die von sich sagen, Humor sei ihnen unheimlich wichtig, nie lustig?

Ist Humor etwas für Leute, die keinen Witz haben?

Ist mit jedem Kilo, das Sie abgenommen haben, Ihr Humor auch ein bisschen dünner geworden?

Ist Heiterkeit auch eine moralische Frage, weil mürrische Menschen, die einen mit ihrem Lebensverdruss behelligen, rücksichtslos sind?

Mag man Sie in der Regel, oder sind Sie der Einzige, der Ihrem Charme erliegt?

Ist Charme ein Ersatz für echte Gefühle und Höflichkeit eine kultivierte Form der Verstellung?

Halten konservativ gestimmte Menschen das Bekanntwerden einer Verfehlung für schlimmer als die Verfehlung selbst?

Haben blasierte Menschen noch nie etwas empfunden?

Wann hat es angefangen, dass neu eröffnete Stadthotels aussehen wie eine Kreuzung aus Parkhaus und der Rückseite eines Kühlschranks?

Kann, wer eine Weltreise gemacht hat, das Gespräch höchstens um eine Viertelstunde verlängern?

Ist es ein übles Klischee, dass die meisten Klischees einen wahren Kern haben?

Die Erfahrung zeigt: Je genauer und wahrhaftiger ein Mensch über sich nachdenkt, desto fremder wird er sich. Hat man nicht nur Klischeevorstellungen von anderen, sondern auch von sich selbst?

Menschen ab dreißig, die den Jargon der Jugend zu imitieren versuchen: Ist das so wie ältere Männer in zu engen Jeans?

Kleiden sich Männer von einem gewissen Alter an immer so wie in dem letzten guten Jahr, das sie hatten?

Männer, die sich mit fünfzig einen Ohrring oder eine Kette aus bunten Holzkugeln zulegen: Ist nichts uncooler als auf den letzten Metern nachgeholte Coolness?

Der amerikanische Schriftsteller David Foster Wallace klagte nach einer Kreuzfahrt in die Karibik: »Die Beine alter Männer sind auf eine Weise kahl, die eklig ist; die Haut sieht regelrecht gerupft aus und schreit nach Behaarung, vor allem an den Waden. Die Waden dürften der einzige Körperteil sein, an dem man sich bei älteren Männern *mehr* Haare wünscht. Ist dieser fibulare Haarverlust die Folge jahrelangen Abriebs durch Hosen und Socken?« Von welchem Alter an sollten Männer keine Shorts mehr tragen?

Finden sich schöne Menschen so schön, wie sie tatsächlich sind, oder nimmt mit der Schönheit die Zahl der Tage zu, an denen sie sich beim Blick in den Spiegel nicht mögen?

Wie lange würde das Bedürfnis von Frauen, vor anderen Frauen schön auszusehen, noch anhalten, wenn alle Männer auf diesem Planeten ausgerottet wären?

Bei Leonardo da Vincis Gemälde *Das letzte Abendmahl* stammt nach diversen Komplettsanierungen kein einziges Farbpartikel mehr von Leonardos eigenem Pinsel. Erwecken mehr und mehr Frauen einen ähnlichen Eindruck?

Sehen Sie die Falten in Ihrem Gesicht als eine Art Inschrift Ihrer Biografie, oder haben Ihre Gesichtszüge bereits aufgehört, ganz die Ihren zu sein, weil Sie Ihr Antlitz mit Hilfsmitteln geglättet haben?

Werden Sie Ihre Schönheit an die Zeit verlieren oder an Unglück und Missgunst?

Hosenstall, Habseligkeiten: Wer denkt sich solche Wörter aus?

Sind Sie ein Ästhet, aber nicht für sich selbst? Üben Sie Stilkritik in bedruckten Unterhosen, Kurzarmhemd und Schlips mit Dackelmuster?

Empfinden Sie nützliche Geschenke als Beleidigung?

Verspüren Langweiler selbst keine Langeweile, weil sie dieses Gefühl ihren Mitmenschen aufbürden?

Gibt es Menschen, die sich eines Tages eingestehen, die Langeweile schon immer in sich getragen zu haben?

Erscheinen die meisten Langweiler freundlich, weil es ihrer Wesensart entspricht, ihrem Gegenüber nichts entgegenzusetzen?

Sprechen Neuzeitmenschen lieber von *Depression* oder *Burnout*, um ihre Langeweile aufzuwerten?

Sind gelangweilte Menschen am leichtesten zu Gräueltaten zu bewegen?

Reden Sie bei öden Abendeinladungen lieber selbst, als sich von anderen langweilen zu lassen, nach dem Motto: Hätte ich nicht geredet, um Gottes willen, wem hätte ich zuhören müssen?

Fühlen Sie sich anderen am nächsten, wenn Sie über sich selbst sprechen? Und sind Sie am neugierigsten auf das, was Sie selbst als Nächstes sagen werden?

Begreift man wenig durch Anstrengung, aber einiges durch Langeweile?

Gäbe es ohne Langeweile kein Nachdenken?

Langeweile, nicht wissen, was wir mit uns anfangen sollen: Sind das die Momente, in denen wir uns finden?

Halten Sie das Innehalten für eine in Wahrheit kaum durchführbare Übung?

Ist gar nichts zu tun die allerschwierigste Beschäftigung und zugleich diejenige, die am meisten Geist voraussetzt?

Ist mit dem Smartphone die Langeweile aus unserem Leben verschwunden? Und damit alles, wozu Langeweile stimuliert?

Verlängert Langeweile das Leben?

Gehören Sie zu den notorisch Eiligen, die jeden Podcast und sogar ihre Morgenmeditation in zweifacher Wiedergabegeschwindigkeit hören?

Ist Flanieren für Sie so ungewohnt, dass Sie dabei aussehen, als ob Sie gerade dringend aufs Klo müssten?

Sollte man jene selbsternannten Ästheten beneiden, die sich nur mit *schönen Dingen* umgeben und *die angenehmen Seiten des Lebens* zu schätzen wissen, oder sind das bloß Anmaßungen, weil sich ein Genuss niemals bewusst herstellen lässt?

Ist der Geschmackssinn der langsamste Sinn von allen? Hat man längst alles runtergeschluckt, bevor man schmeckt?

Der amerikanische Schriftsteller David Sedaris schrieb: »Sollte ich jemals ein Modegeschäft eröffnen, werde ich Verkäufer aus dem Baumarkt einstellen. Kürzlich entdeckte ich im Schaufenster von Dior in London einen schönen Sweater, ging in das Geschäft hinein – und sofort wieder hinaus, nachdem ich die Verkäufer erblickt hatte. Die hätten alle als Models arbeiten können! Niemals hätte mir der Sweater besser gestanden als ihnen.« Sollten Verkäufer stets ein wenig hässlicher sein als ihre Kundschaft?

Halten Sie es für einen Ausdruck von Weltläufigkeit oder Provinzialität, sich über Mitmenschen zu mokieren, die nach elf Uhr vormittags Cappuccino trinken, weil das angeblich kein Italiener tut?

Ist die wirkliche Tragik der Welt manchmal nur mit Vulgarität zu erfassen?

Sündenglanz: Wird es für dieses Wort in naher Zukunft keine Verwendung mehr geben?

Der 1891 geborene Maler Max Ernst kaufte sich als überzeugter Kommunist einen Rolls-Royce, fuhr damit durch die Arbeiterviertel und schrie: »Nieder mit dem Proletariat!« Zur Rechenschaft gezogen, antwortete er: »Es ist meine politische Pflicht, die Kerle in Rage zu bringen.« Ist das für Sie Klassenkampf oder bourgeoise Frivolität?

Schauen Sie ein Kunstwerk nur so lange an, bis Sie sich zurechtgelegt haben, was Sie darüber sagen wollen?

Bilderleuchten, Punktstrahler, ein Schwall von Erläuterungen: Offenbart zu viel Theater um die Kunst an den Wänden den Banausen?

Der Kölner Kunsthändler Max Hetzler fasste seine Berufserfahrung einmal mit den Worten zusammen: »Bild groß, viel Moos; Bild klein, kommt nichts rein.« Von Paul Rosenberg, dem Galeristen von Pablo Picasso, ist bekannt, dass er ein Vermögen für alte Rahmen ausgab, in denen er seine neuen Künstler zeigte, je wuchtiger, desto besser. Sein Kommentar lautete: »Die Sauce wird helfen, den Braten zu schlucken.« Sind sich Kunst- und Immobilienkäufer ähnlicher als gemeinhin angenommen?

Sollte man in Krankenhäusern auf den Gebrauch des Wortes *Schwester* verzichten?

Kann eine nüchterne Lösung, die besoffen nicht standhält, erfahrungsgemäß in den Mülleimer – und umgekehrt?

Ist man Alkoholiker, wenn die Vorfreude auf das Trinken größer ist als die Freude beim Trinken?

Sollte man nie nach dem Grund fragen, wenn jemand Alkohol ablehnt?

Wohin schreibt man, dass man eine To-do-Liste machen sollte?

Warum hält angeschlagenes Porzellan länger als unversehrtes?

Warum gibt es immer mehr Leute voller Know-how, aber ohne Know-why?

Meinen Sie, Umwege verbessern die Ortskenntnis, oder halten Sie es mit dem Großmuttersatz: *Wer weit geht, kommt später an*?

Genießen Sie es, im Hintergrund zu leben, weil das Nichtauffallen es Ihnen ermöglicht, sich nicht an die eigene Identität zu klammern?

Kennen Sie diese Tage im Januar, an denen man glaubt, die Sonne sei gestorben?

Ist Ihnen unbegreiflich, das die Leute dass mit dem daß nicht hinkriegen?

Freidenker, Querdenker, Selbstdenker, *Out-of-the-box-*Denker: Würde Ihnen ein Denker genügen?

Sollte man bei Denkern das Beiwort *unbequem* meiden und diese Beschreibung auf Biedermeiersofas beschränken?

Wenn der französische Schriftsteller Marcel Proust keine Lust hatte, das Haus für eine Einladung zu verlassen, schrieb er oft: »Kommen unmöglich, Lüge folgt«. Ist nur wirklich frei, wer eine Einladung abzulehnen vermag, ohne irgendeinen Vorwand suchen zu müssen?

Ist es immer noch so, dass die Leute ebenso für die Pause ins Theater kommen wie für die Aufführung?

In Romanen geht es meist um Leben und Tod, um Liebeswahnsinn, Verbrechen, Krieg, Armut und Krankheit. Hat die Lektüre von Belletristik die ungute Nebenwirkung, dass einem das eigene Leben verdammt unerheblich vorkommt?

Kann, wer eine Tragödie überlebt, nicht ihr Held gewesen sein?

Befällt Sie zuweilen Fiktionsallergie, der Ekel vor ausgedachten Geschichten über ausgedachte Menschen?

Leo Tolstoi wollte seinen Roman *Krieg und Frieden* ursprünglich *Ende gut, alles gut* nennen. Charles Baudelaire schwebte für seine später *Die Blumen des Bösen* genannte Gedichtsammlung der Titel *Lesbierinnen* vor. Max Frisch gab einem Manuskript von ihm den Titel *Lila oder Ich bin blind* – nach Protest des Verlegers wurde daraus *Mein Name sei Gantenbein*. Hans Fallada wollte seinen Roman *Kleiner Mann, was nun?* ursprünglich *Pinneberg* nennen. Jean-Paul Sartre schlug seinem Verleger Gaston Gallimard einmal den Titel *Factum über die Kontingenz* vor. Gallimard machte daraus *Der Ekel*. Je begabter der Künstler, desto unbegabter zur Selbstvermarktung?

Bücherwurm, Leseratte: Warum werden bei uns Liebhaber des Lesens mit Tieren verglichen, vor denen wir uns ekeln?

Sollte man Künstler meiden, deren Geschmack Fortschritte macht, während ihr Talent sich nicht von der Stelle rührt?

Rührt die elendste Unzufriedenheit im Leben vieler Menschen daher, dass sie nach Erfolgen streben, die ihre Fähigkeiten gar nicht gestatten?

Sieht man erst, wenn Ideen zu Taten schrumpfen, bei wem der Ehrgeiz größer ist als das Talent?

Talente lassen sich meist schnell erkennen – Genies immer erst mit Verspätung?

Als Künstler *im Gespräch sein*: Ist das so, wie in einer Badewanne voller Schaum und ohne Wasser zu sitzen?

Unterscheidet sich der wahre Künstler vom Dilettanten dadurch, dass er nicht immer über seinen Beruf spricht?

Sollten sich Besucher, die in einer Kunstausstellung vor einem *Untitled III* genannten Steinquader zum Stehen kommen, in der Tugend üben, ohne Gähnen sagen zu können: »Sehr interessant«?

Hat in der Kunst unserer Zeit kaum etwas so viel Unheil angerichtet wie der Satz, die Schönheit liege im Auge des Betrachters – der nicht etwa von einem Philosophen der Antike stammt, sondern im 19. Jahrhundert durch die romantische Komödie *Molly Bawn* von Margaret Wolfe Hungerford in unsere Welt kam?

Wenn sein Sohn Löcher in seine Bilder hineingebohrt hatte, rief der Maler Paul Cézanne entzückt: »Seht mal, er hat dem Bild Fenster gegeben!« Hätten auch Sie so reagiert?

Ist Kreativität der Reparaturversuch einer verletzten Seele? Und führt demnach ein mittlerer Schmerz selten zu einer großen Karriere?

Halten Sie es für wichtig zu wissen, ob es sich *Crépès*, *Crepés*, *Crèpés* oder *Crêpes* schreibt?

Fühlen Sie sich Menschen überlegen, die Evelyn Waugh für eine Frau halten, George Sand für einen Mann, Khmer Rouge für Nagellack und *Rosebud* für ein florales Tattoo auf dem Hintern?

Gibt es weit mehr Bücher über Gedichte als Gedichtbände?

Sind schöne Bücher fast immer traurig, und sind es die schönen Gefühle, mit denen Schriftsteller schlechte Literatur machen?

Kennen Sie eine Romanfigur, die beinahe mehr Ähnlichkeit mit Ihnen hat als Sie selbst?

Ist es eine Unverschämtheit, auf einen Roman die Beurteilung dieses Romans von wem auch immer zu drucken?

Der Schweizer Schriftsteller Jaron Kohler, Jahrgang 1943, verfasste fünfundzwanzig Bücher, in denen er Romane, Essays und Erzählungen beschrieb und analysierte, die gar nicht existieren. Kohlers Begründung: »Mich hat der Gedanke fasziniert, ein Werk über ein nicht vorhandenes Werk zu verfassen.« Halten Sie den Mann für pathologisch oder famos eigensinnig?

Was wäre der erste Satz von Homer, erführe er, dass seine Epen im 21. Jahrhundert im Regal von Millionen von Menschen stehen?

Schriftsteller erzählen oft, die von ihnen geschaffenen literarischen Figuren seien für sie wie Kinder, die von zu Hause ausgezogen sind. Ob Autoren manchmal das Gefühl haben, nach diesen Kindern schauen zu müssen, sich um sie zu kümmern?

Beginnen Schriftsteller im Laufe der Zeit, ihr eigenes Leben als Literatur zu betrachten – dieses oder jenes Genre, dieser oder jener Qualität?

Lesen Sie die linke Seite eines Buches fast immer langsamer als die rechte?

Neigen Sie dazu, die letzten Sätze der rechten Seite hastig zu lesen, weil etwas in Ihnen das Umblättern genießt?

Ergibt der Anfang der linken Seite oft keinen Sinn, weil Sie die letzten Zeilen der Seite davor bloß überflogen haben?

Ist dann Ihr Widerwille zurückzublättern so groß, dass Sie einfach weiterlesen, obwohl Sie aus dem Gelesenen nicht recht schlau werden?

Lesen Sie auch deshalb weiter, weil Sie vage davon überzeugt sind, dass sich Ihnen, wenn Sie nur durchhalten, der Zusammenhang zwischen den aktuellen und den bereits gelesenen Sätzen früher oder später vollständig erschließen wird?

Wie oft liegen Sie mit diesem Optimismus daneben?

Wem geben Sie die Schuld daran: dem Autor oder sich selbst?

Romane führen uns vor, wie intensiv und groß und einmalig das Leben ist, wenn man liebt. Lesen die meisten Männer ab Mitte vierzig deshalb, wenn überhaupt, bloß noch Krimis oder Sachbücher?

Lesen Frauen auch deshalb so gern Romane, weil sie es tröstlich finden, dass ihre Probleme auch andere haben?

Ist die Verwertung von Popularität und Ruhm zu Lebzeiten heute so groß, dass für den Nachruhm nichts mehr bleibt?

Wodurch lernt man das Innerste eines Menschen eher kennen: Tagebuch oder Browser-Chronik?

Assoziieren Sie Kreativität mit Teamwork oder mit Schweigen, Einsamkeit und dem Bedürfnis, die Welt möge verschwinden, damit Konzentration möglich wird?

Theo Sommer, neunzehn Jahre lang Chefredakteur der *Zeit*, fasste in einer Rede zu seinem achtzigsten Geburtstag die eigene Lebenserfahrung mit den Worten zusammen: »Life's too short for soft porn.« Ist es besser, sein Leben auf Verschleiß zu leben?

Oder ist das Leben für Sie ein Langlebigkeitswettbewerb?

Rechnen Sie bei Todesnachrichten als Erstes aus, wie viel älter oder jünger als Sie der Gestorbene war?

Je länger Sie leben als ein anderer, desto größer der Sieg über ihn?

Sind Sie oft zu traurig, um eine Meinung zu haben?

Wenn Leute *Urlaub* sagen statt *Ferien*: Ist damit schon alles verdorben?

Sagen Sie auch schon *Flieger* statt *Flugzeug*?

Ist es immer falsch, am letzten Ferienabend etwas besonders Schönes wiederholen zu wollen?

Wollten Musiklehrer nie Musiklehrer werden?

Experten, Spezialisten, Sachverständige: Versteht in Wirklichkeit niemand etwas von der Gegenwart, weil man von ihr nur überrannt werden kann?

Sind Sinnkrisen das privilegierteste Problem, das einer haben kann?

Der Theater- und Filmregisseur Leander Haußmann schrieb mit vierundsechzig Jahren in einem Programmheft: »Profisein ist etwas für die Jugend. Im Alter kommt man zu der befreienden Erkenntnis, dass man es nicht kann und nie konnte, und man ist froh, dass einem noch keiner wirklich draufgekommen ist, obwohl es oft knapp war.« Sind Talent und Selbstzweifel stets gleich groß, während die Skrupel mit der Erfahrung zunehmen, weil man immer mehr darüber weiß, was alles missraten kann?

Bluten Ihre Ohren, wenn Ihnen mal wieder jemand *unausgeschöpftes Potential* vorwirft, weil Sie denken: Wenn man etwas ausschöpft, ist es danach nicht leer?

6

Kinder und Erziehung

Kinder halten einen jung, heißt es. Ist das Gegenteil richtig, weil Kinder einem die Illusion nehmen, man sei nicht gealtert?

Quält es Sie, beim Anblick Ihres Kindes zu wissen, dass andere es in ein paar Jahren besser kennen werden als Sie? Dass ein Freund, eine Geliebte Ihrem Kind näher sein wird als Sie?

Sollte, wer die Gesellschaft ändern will, bei seinen Kindern anfangen?

Zählt es zur Weisheit der Evolution, dass Kinder erst als Erwachsene begreifen, wie wenig Ahnung Eltern vom Elternsein haben?

Unausstehlich mit zwei, unsympathisch mit vier, unerträglich mit acht, zum Kotzen mit sechzehn: Kann das eigene Kind ein Fremder sein, mit dem man am liebsten nichts zu tun hätte?

Reicht es aus, mit einem vierjährigen Kind zu frühstücken, um zu wissen, wie es ist, auf LSD zu sein?

Will niemand so viele Reformen durchsetzen wie Kinder?

Hätte man Ihnen vorhergesagt, wie viel Angst Sie um Ihre Kinder haben werden: Hätten Sie dann keine Kinder bekommen?

Sind Kinder noch nicht an Antworten interessiert, sondern an ihren Fragen – und ersparen uns so die Blamage, antworten zu müssen?

Kümmern sich Kinder genau eine Woche lang um ihr ach so gewünschtes Haustier?

Macht es Sie glücklich und stolz, von Kindern umarmt zu werden, weil Sie dann das Gefühl haben, rein und gut zu sein?

Erkennt man in einer Gruppe sofort die Kinder, die sich schon mit zehn so kleiden, wie sie es ihr restliches Leben tun werden? Und denen es für ihre gesamte Lebenszeit als Rebellion genügen wird, mit siebzehn ihren über das Hemd gelegten Pullover schräg über eine Schulter zu binden statt symmetrisch über beide?

Haben Sie Ihrer Mutter, Ihrem Vater je ins Herz geblickt?

Kennt man sich selbst nicht, solange man die Geschichte seiner Eltern nicht kennt? Oder ist es ab dreißig ein Zeichen mangelnder Reife, immer noch im Herkunftsmorast herumzustochern?

Wofür haben Sie sich beim Umgang mit Ihren Eltern entschieden: Konfliktartikulation oder sich auf alle Ewigkeiten verstellen?

Bewahren Sie ein Geheimnis, das Ihren Eltern das Herz brechen würde?

Haben Sie es erreicht, Ihrer Mutter von Gleich zu Gleich zu begegnen und mit ihr Gespräche unter Erwachsenen zu führen, oder gleiten Sie jedes Mal unaufhaltsam in die Kinderrolle?

Sind Sie mit einer Mutter geschlagen, in deren Gegenwart ihre Kinder immer Kinder bleiben, selbst wenn sie schon fünfzig sind?

Die erste Religion des Lebens ist der Glaube an die Mutterliebe. Sind Sie von diesem Glauben abgefallen?

Fällt nichts so schwer, wie einer Mutter, die man nicht liebt und die einem leidtut, fest ins Gesicht zu schauen?

Wurde Ihnen als Kind eine Wunde zugefügt, von der Sie ahnen, dass sie sich nicht mehr schließen wird?

Bringt extreme Liebe von Eltern Menschen hervor, die glauben, die ganze Welt solle sie so lieben, wie sie sind?

Ist für einen Siebenjährigen die Zeitspanne seiner Jahre länger, als es fünfzig Jahre für einen Hundertjährigen sind?

Nennt man seine Kinder so, wie sie später sein sollen?

Gehören auch Sie zu den Menschen, die ihr Smartphone im Tagesschnitt länger anschauen als irgendeinen Artgenossen – Ihre Kinder und Ihren Partner eingeschlossen?

In welchem Alter verwandelt sich die Wut eines Kindes in Kummer?

Wird das Kind, das man war, immer einen enttäuschten oder grausamen Blick auf das werfen, was als Erwachsener aus ihm geworden ist?

Entspricht nichts je den Idealen und Träumen der Kindheit, weil Erwachsenwerden immer ein Betrug an der Kindheit ist?

Ist dieser Verrat unserer Kindheit die Geburtsstunde der Sehnsucht, des einzigen Gefühls, das es uns eines fernen Tages vielleicht erlaubt, unsere Jugend wiederzufinden?

Haben Sie schon einmal einem Kind in die Augen gesehen wie einer, der weiß, dass er gleich ein Kind belügen wird, das ihn durchschaut und das er trotzdem belügt?

Ist kein Blick so brutal wie der Blick einer Mutter auf ihren Nachwuchs?

Prägt das Selbstbild eines Mädchens nichts so sehr wie der Blick der Mutter auf das Bild, das die Tochter abgibt?

Von unseren Eltern und Vorfahren her lebt eine Vergangenheit in uns, die nicht vergeht, solange wir leben. Meist fühlen wir diese Vergangenheit nicht, aber unterirdisch und gespensterhaft ist sie immer da. Wenn diese Vergangenheit in Ihnen aufsteigt, empfinden Sie dann liebevolles Erstaunen oder Abscheu und Grauen: *Nein, so will ich nicht werden! So will ich nicht sein!*?

Mütter erleben den Schmerz, sich von einem Menschen zu entfremden, den man in sich getragen, geboren, gefüttert und großgezogen hat. Ist es das lange Loslassen, das den Kern des Mutterseins ausmacht?

Wie sehr, meinen Sie, brauchen Kinder das Gefühl, ihre Eltern übertreffen zu können?

Halten Sie es für ein schönes Gefühl, Kinder zu haben, auf die man stolzer sein kann als auf sich selbst?

Der russische Schriftsteller Leo Tolstoi begann seinen Roman *Anna Karenina* mit dem sprichwörtlich gewordenen Satz: »Alle glücklichen Familien gleichen einander, jede unglückliche Familie ist auf ihre eigene Weise unglücklich.« Ist es tatsächlich nicht genau umgekehrt? Sind nicht die meisten unglücklichen Familien nach einer ziemlich gleichbleibenden Formel unglücklich, während glückliche Familien oft das Ergebnis individueller Veranlagung und Anstrengung sind? Und gibt es nicht noch eine dritte Kategorie: Familien, die so tun, als wären sie glücklich, oder sich fälschlich erinnern, einst glücklich gewesen zu sein?

Wird einem bei Kindern spätestens um ihr siebtes Lebensjahr herum klar, dass ihr Charakter ein Geburtsschicksal ist und elterliche Erziehung nicht viel mehr, als Wellen auf einem Ozean beeinflussen zu wollen?

Trägt nichts so sehr zur Menschwerdung eines Menschen bei, wie ein Kind großzuziehen?

Oder sind Kinder für Sie nur so eine Art Haustiere, die man sich aus Langeweile anschafft?

Sieht man in der Jugend nie die Konsequenzen von Härte, Absolutheit und Zorn, und umwerben Fanatiker deshalb die Jungen?

Warum bleiben Menschen lebenslang in die Musik verliebt, die sie in der Pubertät gehört haben?

Steckt in der plötzlichen Ablehnung geliebter Musikstücke oder Bücher immer auch ein uneingestandener Hass auf die eigene Vergangenheit, auf die Person, die man selbst noch vor ein paar Jahren war?

Hat man mit zwanzig immer irgendwie recht – aber halt nur irgendwie?

Ist man zwischen fünfzehn und dreißig immer zwanzig? Und mit achtzig wieder?

Heißt Erwachsenwerden zuzusehen, wie alle möglichen Versionen von einem selbst zu einer zusammenschrumpfen?

Ist man erwachsen, sobald man sich nicht mehr als erwachsen empfindet?

7

Die Einsamkeit, das Alter und die Trauer

Wie oft sucht Sie das Gefühl heim, Sie hätten seit Tagen nichts mehr von sich gehört?

Kann man sich auf Einsamkeit nicht vorbereiten?

Ist *mutterseelenallein* das traurigste Wort der deutschen Sprache, oder ist so zu denken ein Geschlechterklischee, weil es inzwischen auch Menschen gibt, die sich *vaterseelenallein* fühlen?

Kann, wer Schmerz und Trauer nicht fühlen will, auch keine wahre Freude empfinden?

Sind die Grenzen unserer Trauer die Grenzen unserer Welt?

Warum sagt einem niemand, dass Trauer auch ein körperlicher Zustand ist, bei dem sich das Herz zusammenzieht und einem die Luft abdrückt?

Gehört zum Überraschenden der Trauer, wie sehr sie sich wie Angst anfühlt?

Wird, wer sich selbst nicht begegnen will, auch keinem anderen begegnen?

Sollten Sie jede Entscheidung so treffen, als würden Sie von Ihrem Sterbebett auf diese Entscheidung schauen?

Ist es ratsam, rechtzeitig im Leben einen Nachruf auf sich selbst zu verfassen, weil Sie hinterher wissen, auf welche Vergangenheit Sie auf dem Sterbebett zurückblicken wollen?

Werden Sie beim Abfassen Ihres Nachrufes weinen, weil Sie es nicht mehr schaffen werden, so zu leben, wie Sie gelebt haben wollen?

Ist es Ihnen zuwider, beim Altwerden in sich selbst zu versinken, weil dort nichts geschieht und es nur alte Gefühle und alte Gedanken gibt?

Wissen Sie nicht einmal mehr, wann Sie das letzte Mal jemanden jauchzen gehört haben, geschweige denn sich selbst?

Blicken Alte zurück, um nicht nach vorne blicken zu müssen?

Macht einen Menschen nichts so traurig wie seine Erinnerungen, selbst wenn es Erinnerungen an glückliche Zeiten sind?

Werden Sie im Alter bei Ihrer Kleidung mit der Farbgebung *Rentnerbeige* Abschied und Entsagung signalisieren, oder beabsichtigen Sie, Ihre Sichtbarkeit notfalls mit Signalfarben zu erzwingen?

Erkennt man Alte auch an ihrem arg reduzierten Mienenspiel?

Zählt Schlafen, wie Atmen und Gehen und Kauen und Riechen, zu den Dingen, deren Wichtigkeit einem erst ins Auge springen, wenn sie infrage stehen?

Sind Sie schlaflos, weil Ihre Gedanken leider kein bisschen an Schlaf denken?

Ahnen Sie, warum der Schlaf Sie nicht will, oder haben Ihre schlaflosen Nächte anscheinend weder Grund noch Anlass?

In die nächtliche Dunkelheit starren und Sätze denken,
die mit *Hätte ich doch* oder *Wäre ich doch* anfangen:
Sind es die vorwurfsvollen Konjunktive, die Sie nicht in
den Schlaf finden lassen?

Oder ist es ein uraltes Gefühl der Scham, das Sie nicht
schlafen lässt? Die Scham wegen einer vergessenen Sünde,
einer unbekannten Unterlassung, einer geheimen Schande,
die in Ihrer Familie seit Generationen versteckt wird?

Erscheinen Ihnen Menschen moralisch verdächtig, die gut
schlafen? Meinen Sie, der weichweiße Achtstundenschlaf
werde nur gusseisernen Naturen zuteil, die sich nicht um
andere sorgen und denen nichts bis in die Seele wehtut?

Führt bei Ihren Einschlafbemühungen der Versuch,
sich auf Ihre Atmung zu konzentrieren, meist zu Atemnot,
so wie man anfängt zu stolpern, wenn man sich bewusst
aufs Gehen konzentrieren soll?

Acht Stunden neben einer brutalen Schlafmaschine
zu liegen, die sich kaum hinlegt und schon fallen ihr die
Augen zu, selber aber kein Auge zuzubekommen:
Ist das der ultimative Terror?

Gibt es eine blitzartige, scheußliche Klarheit, die nur nachts zwischen drei und vier möglich ist?

Ist die letzte Phase Ihrer durchwachten Nächte dumpfe Resignation, in der die Gedanken auf Sie einhacken und Sie jede Gegenwehr aufgeben?

Kommt Ihnen bei Übermüdung die Verhältnismäßigkeit abhanden, sodass die Weltlage und der Pickel auf Ihrer Nase gleich furchtbar sind?

Wenn Sie keuchend aus einem Traum hochfahren: Sind Sie von etwas erwacht, das Sie gesehen haben, oder von dem, was Sie sind?

Haben Menschen keine Träume, in denen sie nicht selbst vorkommen?

Sieht man sich immer von außen, wenn man träumt?

Brauchen Sie die Tage, um sich von Ihren Nächten zu erholen?

Tendieren Sie zu radikalen Lösungen, wenn Sie seit Tagen kaum geschlafen haben?

Wäre Ihr jüngeres Ich glücklich über den Menschen,
der Sie heute sind?

Wie alt waren Sie, als die Lebensnovembrigkeit über Sie gekommen ist?

Würden Sie Ihren Mann auf das Begräbnis seiner Geliebten begleiten, wenn sich herausstellt, dass er sie aufrichtig geliebt hat und entsprechend trauert?

Macht Sie die Anwesenheit eines Trauernden beklommen?

Ist Trauer, wie Liebe, fordernd und egoistisch?

Hat es je einen Menschen gegeben, der ohne Schuldgefühl getrauert hat?

Ist Trauer unteilbar, so wie man in der Krankheit immer allein ist?

Wenn man Trauer schon nicht teilen kann:
dann wenigstens Trost?

Lässt sich Trost nicht finden, nur entdecken?

Ist das Auf und Ab der Gefühle nach dem Tod eines geliebten Menschen wie die Bewegung, die man mit Nadel und Faden ausführt, um eine Wunde zu schließen?

Gibt es zwei Arten von Hinterbliebenen: Die einen leben mit einer Narbe, die anderen mit einer Wunde?

Warum gibt es, im Unterschied zu Witwen und Waisen, kein Wort für Eltern gestorbener Kinder?

Geraten Eltern gestorbener Kinder oft in die Isolation, weil die Freunde es auf Dauer leid sind, ihr Glück, kein Kind beweinen zu müssen, zu verstecken?

Werden Trauernde gemieden aus der nicht laut ausgesprochenen Angst, dass das Unheil ansteckend ist?

Goethes Sohn hieß Julius August Walther von Goethe. Als er mit vierzig in Rom starb, ließ der Vater auf das Grab statt des Namens »Goethe Filius« schreiben, »Goethes Sohn«. Betrachten die meisten Menschen ihre Toten als ihr Eigentum?

Gibt es einen Toten, den Sie immer noch fürchten?

Ist alt, wer zu Partys seinen eigenen Wein mitbringt? Wer es nicht fertigbringt, Wörter wie *Phantasie* oder *Philosophie* mit F zu schreiben? Wem seine Mitmenschen als Ehrgeizlinge erscheinen, die noch nicht gemerkt haben, dass angesichts des Todes jedes ambitionierte Handeln Clownerie ist? Wem es nicht mehr gelingt, den alltäglichen Dingen Poesie abzugewinnen? Wer sich angewöhnt hat, Wörter wie *Glück* oder *Liebe* nur noch ironisch zu verwenden? Wer irgendwo ein verliebtes Paar sieht und schadenfroh denkt: *Ihr werdet schon sehen*? Wen die Zukunft mehr anödet als ängstigt? Wer sich selbst lästig wird? Wer glaubt, das Vorleben des Partners sei ein Buch, das man wie einen Klassiker zu kennen meint? Wer meint, den Körper des Partners zu kennen, wie man seine Möbel kennt? Wen nicht Begierde packt, sondern die Sehnsucht nach der Begierde? Wem das eigene Ich so vorhersehbar erscheint wie eine Vorabendserie im Fernsehen?

Ist der einzige Vorteil des Altseins, dass man noch nicht tot ist?

Können nur Menschen ohne Verzweiflung alt werden, die es verstanden haben, sich auf ihre Weise sattzuleben?

Der Schweizer Autor Max Frisch schrieb in sein Tagebuch, der älter werdende Mensch verliere die Lust, einen Draht in die Hand zu nehmen und ihn zu biegen. Ist ungebrochene Experimentierlust und Spielfreude das sicherste Indiz, einen Menschen vor sich zu haben, dessen Jugend noch nicht erloschen ist?

Die Kehrseite von jedem und allem kennen und statt Augen festgefügte Meinungen haben: Beginnt es so, dass man sich mit sich selbst langweilt? Und ist es das, was die anderen denken lässt, wir seien Langweiler geworden?

Der Schriftsteller Thomas Mann notierte 1954 in sein Tagebuch: »Kann keine Diskussion vertragen. Habe zuviel Diskussion in mir selbst.« Erträgt man im Alter seine Mitmenschen nur noch, wenn sie einem zuhören?

Kommen Ihnen Jüngere wie kaum zu ertragende Abgesandte aus der erzürnenden Welt der Gesunden vor?

Ist im Alter die Erinnerung stärker als die Wirklichkeit?

Wie viele Jahre liegen zwischen Ihrem Spiegelbild und dem Bild, das Sie selbst von sich haben?

Der Schriftsteller Martin Walser sprach mit Mitte siebzig von seinen »Gorgonzola-Beinen«. Nimmt mit dem Alter auch die Abscheu vor dem eigenen Körper zu?

Ist man so jung, wie man sich anfühlt?

Ist es nicht ganz verkehrt zu sagen, man sei so jung, wie man sich fühle, da die Haut von innen nichts von ihren Falten weiß?

Ist jeder so alt, wie er sich anzieht, wenn er mit dem Hund rausgeht?

Ist das Altwerden schlimmer, wenn man früher einmal schön war, weil man zu oft nur noch mit Heimweh nach dem Damals des eigenen Körpers beschäftigt ist?

Ist vielleicht sogar das Sterben leichter, wenn man nie schön gewesen ist?

Finden Sie es fair, dass der Vergänglichkeitsschmerz in der Hierarchie der Schmerzen ganz unten angesiedelt ist?

Im *Ruhestand* sein: Sind Ruhe und Frieden das Letzte, was man sich als alter Mensch wünscht, weil man lieber da wäre, wo etwas los ist?

Oder sind die ermüdeten Alten im Grunde dankbar, kein inneres Feuer mehr dämpfen zu müssen?

Hoffnungsfroh sein: Steht das auf den Verlustlisten des Alters ganz weit oben?

Glauben Sie, Sie kennen den Menschen hinter Ihren Augenlidern, oder gehört zum Desaster des Altwerdens die Einsicht, dass man sich mit den Jahren immer mehr zum Rätsel wird?

Bleiben braune Augen im Alter gleich, während blaue Augen mit den Jahren immer blasser und irrer werden?

Schaut man im Alter immer öfter zur Uhr, um dann jedes Mal festzustellen, dass es früher ist, als man gedacht hat?

Ist Altwerden eine Art Verlusttraining, bei dem einem Aussehen, Gesundheit und Sex abgenommen werden? Aber auch Dinge, die man gerne loswird, wie das Bedürfnis, gemocht zu werden, das Bedürfnis, gehört zu werden, das Bedürfnis, jeden hübschen Menschen nackt zu sehen?

Ist Schwermut vergorene Lust?

Zerstört die Zeit in uns die Illusion, unsere Wunden seien einzigartig? Wird mit der Zeit alles furchtbar gewöhnlich, weil nichts Menschliches einzigartig ist?

Versuchen Sie, in Gesellschaft besonders freundlich zu sein, damit niemand die Gereiztheit, den Groll und den Ekel bemerkt, den fast alle Menschen in Ihnen hervorrufen?

Ein Jüngerer steht im Bus auf und bietet Ihnen seinen Platz an: Freuen Sie sich über diese höfliche Geste, oder schmiert sie Ihnen Ihr Altsein erst recht ins Gesicht?

Im Tagebuch des Philosophen Peter Sloterdijk heißt es: »Der vollkommene Rentner stellt keine Fragen. Unvermeidlich wird seine graue Zufriedenheit durch Nachrichten von Explosionen an der Peripherie aufgestört. Allerdings ist ›aufgestört‹ nicht das richtige Wort. Der Rentner hebt den Kopf und nickt der Welt zu: ›Ich kenne dich, alte Ratte! Versuche erst gar nicht, mich noch einmal zu überraschen!‹« Wird man im Alter tendenziell dumm, weil man glaubt, genug über die Welt und die Menschen zu wissen?

Lenken sich Alte mit einer pedantischen Perfektionierung des Haushalts davon ab, dass Ihre Meinungen und intellektuellen Fähigkeiten nicht mehr gefragt sind?

Wäre Alter eigentlich die beste Zeit für Ungehorsam und eine gewisse Keckheit, denn was hat man schon zu verlieren?

Im vergangenen Jahrhundert hat sich die Lebenszeit der Menschen fast verdoppelt, von vierzig auf siebzig Jahre. Es ist das eine, den Verfall des Körpers aufzuhalten, aber was ist mit Geist und Seele? Wie viele gebrochene Herzen, Traumata, Verluste können wir verkraften, wenn wir alle hundertdreißig werden?

Wartezimmer von Ärzten oder Therapeuten, Krankenhaus, Pflegeheim: Sind es die Pathologien, die uns im Alter mit einer neuen Liebe zusammenführen?

Ich muss gar nichts mehr erreichen. Ist das der Gedanke, der im Alter schwerelos macht? Und der einen sagen lässt: »Gin Tonic am Vormittag? Wieso eigentlich nicht? Abends kann schließlich jeder trinken.«

Die britische Literaturnobelpreisträgerin Doris Lessing urteilte mit einundachtzig Jahren: »Die Abwertung alles Männlichen ist so sehr Teil unserer Kultur geworden, dass sie kaum noch wahrgenommen wird. Wir haben uns so lange eingeredet, dass Männer das Problem und Frauen die Lösung sind, dass es sich natürlich anfühlt, ja dass wir es tatsächlich glauben. Es ist Zeit, dass wir uns fragen, wer diese Frauen eigentlich sind, die ständig Männer abwerten. Die dümmsten, ungebildetsten und scheußlichsten Frauen können die herzlichsten, freundlichsten und intelligentesten Männer kritisieren und niemand sagt etwas dagegen.« Sollten Alte mehr Gehör finden, weil sie gefährlich wahrheitsliebend sind und begriffen haben, dass die Wahrheit immer auch mit einem Fuß im Feld des Gegners steht?

Die Formel der Midlife-Crisis lautet: *Das soll alles sein, und so soll es weiter und weiter gehen?* Wiederholt sich diese Krise nach dem ersten Jahr in Rente?

Gehört zu den hervorstechendsten Merkmalen des Alters der Mangel an Vorfreude?

Altern Erinnerungen und Gedanken ebenso wie Menschen?

Altert das Ich? Oder bleiben wir, bei allen Zuwächsen an Erfahrung und Bildung, dieselben und sterben deshalb jung?

Wäre es im Alter das Schönste, eines Tages sagen zu können: »Ich fühle mich, als wäre ich ein altes Kind«?

Der dänische Philosoph Søren Kierkegaard behauptete, das Leben werde vorwärts gelebt und rückwärts verstanden. Lichtet sich am Ende das Durcheinander des Lebens, als sei man mit größten Mühen die ganze Zeit auf verworren erscheinenden Linien gelaufen, nur um am Schluss zu erkennen, dass man einem vorher festgelegten Muster gefolgt ist? Oder ist das der Selbstbetrug von Leuten, die einen roten Faden, der sich angeblich durch ihr Leben zieht, lieber erfinden, als sich einzugestehen, meist habe bloß der Zufall Regie geführt?

Das Leben werde ihnen fehlen, klagen viele Sterbende. Meinen Sie, Sie werden sich selbst auch fehlen?

Goethe hatte ein erfülltes Leben, wie es sich nur wenige erhoffen können. Mit fünfundsiebzig klagte er, er sei in seinem ganzen Leben bloß vier Wochen lang glücklich gewesen. Machen Alte solche Bemerkungen, weil ihr Gedächtnis nachlässt oder weil sie den Tod leichter annehmen können, wenn sie das Glückliche und Schöne in ihrer Biografie herunterspielen?

Strafen, Belohnen, Enttäuschen, Beglücken, Wegdrücken, im Vordergrund stehen: Ist das Testament die letztmögliche Machtdemonstration im Leben eines Menschen? Die finale Gelegenheit, noch einmal zu der Bedeutung zurückzufinden, die man zu haben glaubte?

Sex, Tanzen, Skifahren, Kofferpacken: Sollten Sie dankbar sein, nicht immer zu wissen, wann Sie etwas zum letzten Mal tun?

Der Sarg hat kein Regal, lautet eine Großmutterweisheit. Werden Sie es noch schaffen, alles, was Sie umgibt, zu Geld zu machen, um sich endlich Lustbarkeiten zu leisten, die Ihnen bislang zu kostspielig schienen?

Oder gilt für Sie eine andere Großmutterweisheit: *Was man hat, das hat einen*?

Fürchten Sie insgeheim, dass Ihr Tod nur für wenige bedeutsam sein wird, dass er bloß Erzählstoff für die Geschichten der Menschen um Sie herum sein wird?

Ist es Ihre Eitelkeit, die Sie den Tod fürchten lässt? Ist es die Unerträglichkeit der Vorstellung, dass Sie vergessen werden, dass Sie getilgt werden, zuerst aus dem Leben, dann aus dem Gedächtnis?

Haben Sterbende mit ihren Mitmenschen noch gemeinsame Maßstäbe, oder bemitleiden sie sie als Lebenshampelmänner, die noch eine Weile weiterzappeln werden?

Löschen Sie auf Ihrem Smartphone die Kontaktdaten von Menschen, sobald sie gestorben sind, weil es sich unbehaglich anfühlen würde, stets einen kleinen Friedhof mit sich herumzutragen?

Wenn Sie an ein Jenseits glauben: Stellen Sie sich die Toten ohne jede weitere Entwicklung vor? So als würden sie für immer bleiben, wie sie waren, weil sie nichts Besseres zu tun haben, als auf uns zu warten?

Was, wenn die Toten uns vergessen? Sich verlieben? Kinder adoptieren?

Werden Sie es mit einer Schar verflossener Lieben zu tun bekommen, die alle darauf hoffen, das Leben im Jenseits an Ihrer Seite und in Ihrem Bett zu verbringen?

Wird es keine Eifersucht im Jenseits geben?
Keine Langeweile? Keinen Stuhlgang?

Werden im Jenseits alle formlose knöchellange Kittel tragen müssen? Wird bei der Unterwäsche ein Hauch Spitze erlaubt sein oder muss alles schlicht sein?

Ist Ihnen schon mal in den Sinn gekommen, dass Sie im Jenseits Ihren Liebsten möglicherweise nicht treffen werden, weil das Schicksal Sie für das Kellergeschoss bestimmt hat, während der andere oben im Paradies schwebt, ewig unerreichbar? Oder umgekehrt?

Gehört mehr Mut zum Nichthoffen als zum Hoffen?

Sind die meisten Toten, nachdem sie beweint wurden, eigentlich nicht mehr willkommen? Hätten sie bei ihrer Wiederkehr keinen Platz mehr, weil wir uns in dieser Welt schon ohne sie eingerichtet haben?

Glauben Sie, die Toten wünschen sich, dass wir uns von unserer Trauer um sie befreien?

Würden Sie sich über die Botschaft freuen, dass Ihre Toten keine Sehnsucht nach Ihnen haben?

Der Philosoph Arthur Schopenhauer schrieb: »Klopfte man an die Gräber und fragte die Toten, ob sie wieder aufstehen wollten; sie würden mit den Köpfen schütteln.« Wenn man das Sterben schon hinter sich hat – wozu das ganze Leid wieder?

Fragen sich die Toten, ob es ein Leben vor dem Tod gibt?

Sind Krankheiten die Anproben des Todes?

Hoffen Sie, Ihr Partner stirbt vor Ihnen, damit ihm ein Leben in Einsamkeit erspart bleibt? Oder wollen Sie Ihren Partner sterben sehen, weil Sie um jeden Preis das Finale Ihrer Liebe erleben wollen?

Schnürt Ihnen manchmal der Gedanke die Brust zu, Ihr Partner könnte beim Sterben an jemand anderes denken als an Sie?

Ist es schlimmer, einen Partner sterben zu sehen, mit dem man noch viel erleben wollte, oder einen, mit dem man schon viel erlebt hat?

Ist es am schlimmsten, wenn ein Partner stirbt, den man nie richtig geliebt, mit dem man aber viel erlebt hat, weil dann nur ein Loch bleibt?

Angenommen, ein Mensch, den Sie lieben, ist dem Tod nahe: Leiden Sie im Voraus unter den Gesten und Gebärden, die Sie beim Begräbnis zum Zeichen Ihres Schmerzes werden machen müssen?

Waren Sie schon einmal auf einer dieser Beerdigungen, wo sich jeder vom anderen die Trauermiene abzuschauen versucht, weil den Verstorbenen keiner so recht gemocht hat?

Hilft Ihnen der Tod der anderen zu leben?

Ist Konversation über den Tod sterbenslangweilig, weil man über den Tod naturgemäß nichts Falsches sagen kann?

Ihr geliebter Partner stirbt: Wie viel Zeit wird vergehen, bis Sie es vermissen, ihn zu vermissen?

Der englische Dichter T. S. Eliot schrieb: »Wir sterben mit den Sterbenden: Seht, sie gehen fort, und wir mit ihnen. Wir werden mit den Toten geboren: Seht, sie kehren zurück und bringen uns mit.« Sollte jeder Mensch mindestens einmal im Leben über einem Gedicht in Tränen ausgebrochen sein?

Lesen Sie keine Gedichte, weil sie Sie an die mögliche Poesie des Lebens erinnern könnten?

Spüren Sie manchmal den Wunsch nach einem tragischen Ende?

Haben Sie sich schon interessante letzte Worte zurechtgelegt?

Gibt es nichts Überheblicheres, als sich in der Erinnerung der Menschen für unsterblich zu halten, weil einem im Laufe des Lebens klar geworden sein sollte, dass das Vergessen immer siegreich bleibt?

Sollte es einen Namen geben für den Moment Ihrer endgültigen Auslöschung, wenn der letzte lebende Mensch, der sich an Sie erinnern kann, seinen allerletzten Gedanken an Sie denkt?

Oder steht dergleichen auf der Liste Ihrer Besorgnisse ganz weit unten?

8

Letzte Fragen

Ist Menschen mit einem religiösen Weltgefühl eher zu trauen, weil sich Beobachtete in der Regel anständiger verhalten als Unbeobachtete?

Neigen Menschen dazu, einen Glauben zu haben, der zu ihren Vorlieben passt? Glauben grausame Menschen an einen grausamen Gott und nutzen ihren Glauben als Vorwand für ihre Grausamkeit?

Glauben nur freundliche Menschen an einen freundlichen Gott – und wären auch ohne ihren Glauben freundlich?

Werfen Gottheiten generell die Frage auf: Woher diese Bart-Obsession?

Gott, sofern er existiert, schweigt sich aus. Sollte er seine Absichten deutlicher machen? Modern ausgedrückt: Kommuniziert Gott mit einem Maß an Dilettantismus, das in einem professionellen Umfeld nicht zulässig wäre?

Wer einen Glauben hat, braucht keine Beweise, aber haben Sie es nicht immer ein bisschen fies von Gott gefunden, Beweise *zurückzuhalten*? Uns mit sechzehn Propheten dasitzen zu lassen, deren Storys hinten und vorn nicht zusammenpassen?

Falls Sie gläubig sind: Ist die Ewigkeit dazu da, dass man sich in alle Ewigkeit an jeden einzelnen Moment seines Lebens bis in die kleinsten Einzelheiten erinnern muss? Dass man sich selbst in alle Ewigkeit für seine Taten mit Vorwürfen überhäuft? Dass man rund um die Uhr in einer uhrenlosen Welt die erinnerte Vergangenheit abspielt? Dass man an sein Leben nicht nur gefesselt ist, solange man es lebt, man hat es auch noch am Hals, wenn man gestorben ist?

Was glauben Sie: Handelt Gott en détail oder immer en gros?

Beneiden Sie Menschen, für die das irdische Leben nur wie durch ein Eihäutchen von der himmlischen Sphäre geschieden ist?

Gehören Sie zu diesen stets bestens gelaunten Gläubigen, die meinen, Gott werde ihnen schon verzeihen, das sei schließlich sein Beruf?

Senkt der Glaube an Gott den Blutdruck?

Wenn Sie versuchen, mit Gott zu reden, der aber schweigt: Ist ihm vielleicht einfach der Gesprächsstoff mit Ihnen ausgegangen?

Wird es sich im Paradies nicht schicken, zu lachen? Wird Gott häufig schimpfen: »Ihr seid nicht im Himmel, um euch zu amüsieren!«?

Hatte Gott, bevor er die Erde erschuf, Angst im Dunkeln? War er sehr allein und fühlte sich nicht *gesehen*?

Sind wir Menschen Gottes größter Albtraum?

Hat sich Gott die Ohren zugestopft, um seine geistige Gesundheit zu bewahren?

Genießt das Menschsein so wenig Ansehen wie nie zuvor?

Wäre es besser gewesen, Gott hätte die Welt nicht alleine erschaffen, sondern sich von ein paar Freundinnen helfen lassen?

Ob Gott sein Leben als eigensinniger Single dann und wann bereut?

Trotz seiner Allmacht kann Gott etwas nicht, das jeder noch so dumme Mensch kann: sterben. Glauben Sie, Gott möchte angesichts der Weltlage von seinem einzigen Defizit befreit werden?

Sind die Übel und Verbrechen dieser Welt nur dadurch zu erklären, dass Gott nicht allmächtig ist, sondern einen Vorgesetzten hat, dem nicht zu trauen ist?

Zeigt sich Gottes Ironie auch darin, dass er Menschen geschaffen hat, die Wirkungen beklagen, deren Ursachen sie lieben?

Ist nicht an Gott zu glauben noch lange kein Grund, blasphemisch zu werden?

Der französische Schriftsteller und Politiker Benjamin Constant berichtete 1790 von seiner Begegnung mit Carlo Francesco Thaon di Revel, dem Vizekönig des Königreichs Sardinien-Piemont: »Thaon di Revel behauptet, dass Gott gestorben ist, bevor Er sein Werk vollenden konnte, dass Er die schönsten und großartigsten Pläne hatte, die man sich nur vorstellen kann. Doch Er starb mitten in seinem Werk, sodass alles, was gegenwärtig das Universum ausmacht, für einen Zweck geschaffen ist, der nicht mehr existiert, und besonders die Menschen fühlen sich zu etwas bestimmt, wovon sie keinen Begriff haben. Wir gleichen Uhren ohne Zeiger, deren Zahnrädchen, die mit Verstand versehen sind, sich drehen, bis sie abgenutzt sind, ohne zu wissen, warum, und sich beständig sagen: ›Ich drehe mich, also muss ich für irgendeinen Zweck vorgesehen sein.‹« Hätten Sie gern einen Funken Glauben in sich, weil Ihnen diese Schöpfungserklärung tausendmal poetischer erscheint als jede Urknalltheorie?

Gehört vielleicht zum Glauben mehr Kraft als zum Leben?

Mystiker glauben, der Zufall sei nichts weiter als ein Schicksal, dessen Schrift man nicht erkennt. Wenn Sie Ihr Leben einmal probehalber als Ergebnis der Vorsehung betrachten: Versöhnt Sie diese Vorstellung, weil Sie für alles Schlimme und Traurige keine persönliche Schuld trifft, oder toben Sie vor Wut, weil all Ihre Anstrengungen von Beginn an vollkommen sinnlos waren?

Glauben Sie an Gott nur, weil Sie an irgendwas glauben möchten?

Wenn Sie an Gott nur glauben, weil Sie es nicht ertragen, nicht zu glauben: Glauben Sie dann offensichtlich gar nicht?

Glauben Sie an Gott, weil Sie schon früh das Bedürfnis verspürt haben, jemandem dankbar zu sein? Brauchen Sie Gott im Grunde nur, um ihm zu danken?

Sehnen sich die einen nach Glauben ohne Kirche, die anderen nach Kirche ohne Glauben?

Glauben ohne Kirche – ist das so, als sagte man: »Die Oper ist okay, aber die Musik und der Gesang stören«?

Ist Ihr Glaube für Sie eine Art spiritueller Rollator?

Finden Sie die eklatanten, kindischen Unwahrheiten des christlichen Glaubens einfach zu peinlich, um sich auf ein Gespräch über Gott einzulassen?

Ist Ihr Desinteresse an Religion schon so weit fortgeschritten, dass Sie nicht einmal mehr erklären könnten, ob Sie Atheist oder Agnostiker sind?

Ist Ihr Unglaube so umfassend, dass Sie selbst jeder Atheismus langweilt?

Sind Religionen Schuldgefühle mit verschiedenen Feiertagen?

Franzosen rufen in Momenten des Glücks gerne: »Merci la vie!« Kann man statt Gott auch einfach dem Leben danken?

Angenommen, der Tod ist kein endloses Nichts, sondern pure Erinnerung, die äonenlang über sich selbst nachdenkt: Wäre das besser als Vergessen oder schlimmer?

Ist sich und anderen Fragen zu stellen so etwas wie die Frömmigkeit des Denkens und der Lebensführung?

Muss jeder von uns seine Frage finden, eine Frage, die uns begreifen lässt, dass das, was uns im Innersten ausmacht, ein Mysterium ist, das sich nie offenbart?

Die amerikanische Schriftstellerin Gertrude Stein schrieb: »Es gibt keine Antwort. Es wird keine Antwort geben. Es hat niemals eine Antwort gegeben. Das ist die Antwort.« Geben Sie ihr recht, oder ist das bloß die übliche Trübseligkeit von Alten, denen der Sprit ausgeht?

Das Leben immer weniger verstehen und es mehr und mehr lieben: Ist das eins?

Biografie

Sven Michaelsen studierte Literatur und Geschichte, war Autor beim »Stern« und Chefreporter von »Vanity Fair«, interviewt für das »SZ-Magazin« seit dreizehn Jahren die Leitfiguren und Idole unserer Zeit, wurde zwei Mal mit dem »Deutschen Reporterpreis« ausgezeichnet und schrieb zehn Bücher. Im Residenz Verlag erschien zuletzt »Mitten im Leben – wo mag das sein?«.

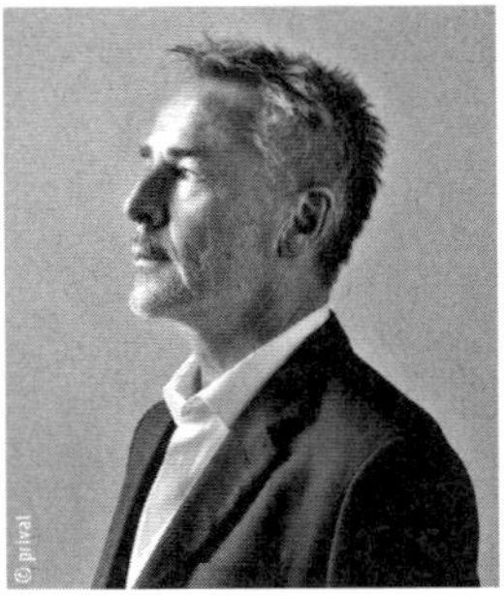

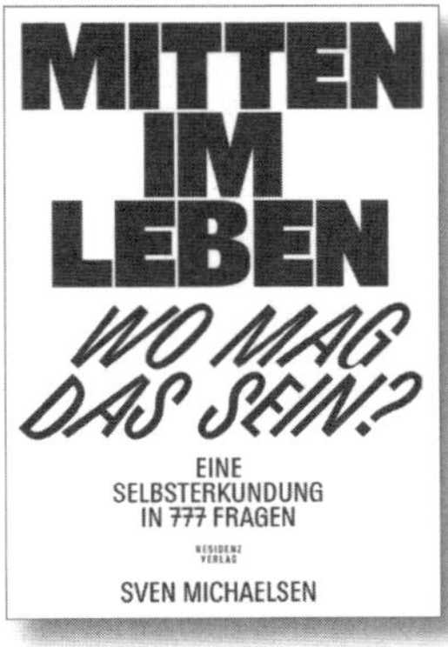

ISBN: 978 3 7017 3567 9

Sven Michaelsen

MITTEN IM LEBEN – WO MAG DAS SEIN?

Eine Selbsterkundung in 777 Fragen

Tiefgründig und hochkomisch: 777 Fragen als Geschenk für Sie selbst und alle, die Ihnen wichtig sind

Warten Sie schon lange darauf, dass Ihnen endlich einmal jemand die erlösenden Fragen stellt, die Sie erkennen lassen, was Sie im Innersten ausmacht? Die Sie begreifen lassen, warum niemand so über Sie denkt wie Sie über sich? Sven Michaelsen schickt Sie mit diesem Buch auf eine ebenso lehrreiche wie amüsante Erkundungstour durch Hirn, Herz und Unterleib. Am Ende sehen Sie sich und Ihr Leben mit neuen, klügeren Augen.

residenzverlag.com

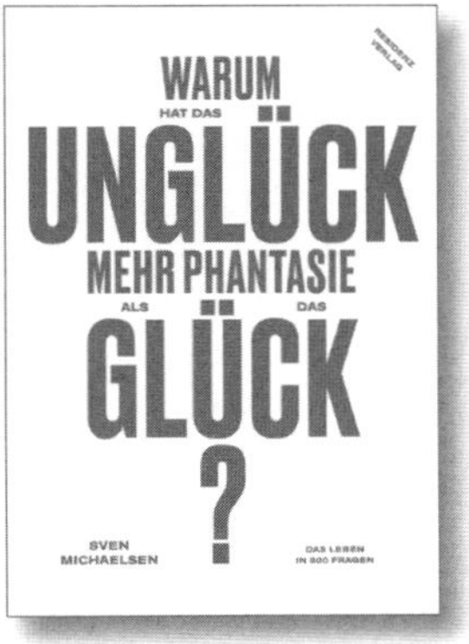

ISBN: 978 3 7017 3498 6

Sven Michaelsen

WARUM HAT DAS UNGLÜCK MEHR PHANTASIE ALS DAS GLÜCK?

Das Leben in 800 Fragen

Soll man einen Menschen nach seinen Fragen oder nach seinen Antworten beurteilen? Die Antwort von Sven Michaelsen ist eindeutig: Sich selbst und anderen die richtigen Fragen zu stellen, entscheidet darüber, ob unser Leben gelingt oder vergeudet ist. Nicht Meinungen und Behauptungen führen zu Wahrheit und Erkenntnis, sondern das kurvige Fragezeichen. Dieses Buch setzt auf die Kunst der klugen Überlegung – mal unterhaltsam und komisch, mal lehrreich und tieftraurig. Am Ende haben Sie mehr über sich selbst erfahren, als Ihnen vielleicht lieb ist.

residenzverlag.com

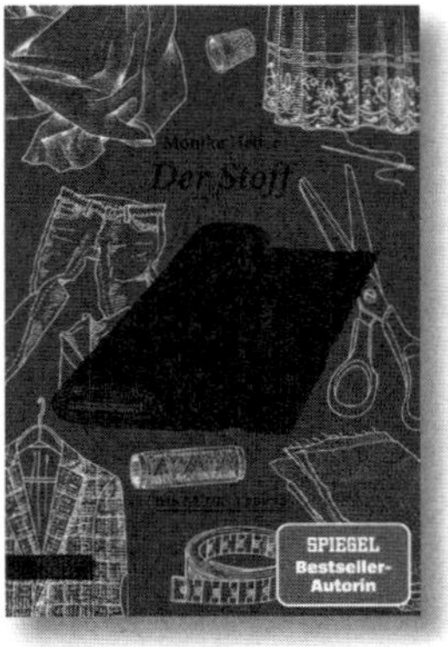

ISBN: 978 3 7017 3607 2

DINGE DES LEBENS

Monika Helfer

DER STOFF

Mit zahlreichen Illustrationen.

Schon als Kind ist Monika Helfer fasziniert von Stoffen, so sehr, dass sie ein Heft führt, in das sie die Muster einklebt, die ihr die Kurzwarenhändlerin schenkt. Sie lässt uns daran teilhaben, wie wunderbar es ist, Stoffe anzugreifen, ihre Struktur zu erforschen, an ihnen zu riechen, sie zu reiben und ans Licht zu halten, ihre Reißfestigkeit zu prüfen. Gestrickt, gestickt, gewirkt, gefädelt, fadenscheinig, steif, kratzend, kühl, schmeichelnd, vornehm, lässig – Monika Helfer sammelt und liebt Stoffe bis heute. Mit Genauigkeit und Zärtlichkeit erzählt die große Autorin von Secondhandkleidung, die sie mit Borten und Spitzen veredelt, von Anzügen und Kleidern, die sie für Mann und Kinder näht, von Seide und Leinen, von Nacktheit und Gewandung – und von ihrem unstillbaren Hunger nach Stoffen.

residenzverlag.com